KB023210

大靈 符籍・符作

벽조목과 부작의 신묘한 효능

崔太鍾 著 / 金用淵 監修

도서
출판 안암문화사

大靈 符籍·符作
벽조목과 부작의 신묘한 효능

인 쇄 / 2022. 2. 10
발 행 / 2022. 2. 10
저 자 / 최 태 종
발행인 / 이 창 식
발행처 / 안암문화사
등 록 / 1978. 5. 24.(제2-565호)
　　　　135-200 서울시 강남구 밤고개로 21길 25
　　　　　　　　래미안 포레APT 311동 807호
　　　　전화 (02)2238-0491 / Fax (02)2252-4334

ISBN 978-89-7235-057-6 03150

머리말

　우리의 일상생활에서 부적을 접하기란 그렇게 어려운 일이 아니다.

　'부적'과 '부작'이라는 방식은 다소 생소할 수 있으나 사실은 우리 생활 속에 함께 하고 있는 존재다. 성공의 순간들을 함께 한 목걸이나 팔찌, 편지 등을 소중히 여기는 행동들을 인지하면 알 수 있다.

　부적에 대한 연구는 이미 오래전부터 진행되어 왔고 관련서적도 수없이 많다. 하지만 대다수의 책들은 부적의 활용법 중 일부만 제시되어 있을 뿐 부적의 구성원리라든가 체계적이고 논리정연한 이론적인 구성 및 실질적인 활용법에 대한 제시가 없었다.

　필자는 이 책을 통해 현존하는 동양 각국의 부적의 실체 및 그 제작법을 낱낱이 제시하고자 한다. 부적은 동양오술(東洋五術) 중 '산(山)'에 속하는 것으로, 신비의 대상도 미신의 대상도 아니다.

　이 책은 수 천년동안의 이런 부적과 부작의 쓰임이 끊이지 않고 연구가 지속되어 온 이유를 설명하고 있고, 동시에 더 많은 사람들의 삶속에 도움이 되고자 하고 있음을 알리고자 한다.

　첫 출판 "이것이 神이 내려주신 부적이다" 이후 10여년 만에 부적뿐만 아니라 전편에 공개하지 않았던 벽조목(벼락 맞은 대추나무)과의 조화인 부작에 대한 내용까지 완벽하게 정리했다.

　기초적인 지식으로 '부적'의 의미는 종이에 글씨와 문양을 형상화해서 그려 넣는 것이고, '부작'의 의미는 종이 이외의 모형이나 물건에 기(氣)를 불어넣는 것을 일컫는 말이다. 예를 들어, '부적'은 흔히 봄맞이 때 '입춘대길(立春大吉)'이라는 글씨를 써서 대문에 붙여둔 것을 말할 수 있다.

이렇게 이 시대 속에서도 쉽게 만날 수 있는 이러한 풍습을 향한 비판적인 시선을 가진 사람들 또한 분명히 있겠으나, 결국 우리의 삶 속에서 사라지지 않고 지속적으로 이어져 내려왔다는 사실 그 자체로 분명한 이유가 된다.

오랜 기간의 연구로 이에 대해 입증된 확실한 사실은 인간은 흉(凶)을 피하고 길(吉)을 부르기를 간절히 원하기 때문에 스스로가 부적이나 부작의 제작 속에 지극한 정성을 들이게 된다. 그 과정 속에 함축된 기(氣)가 만들어 지고, 또한 그 기(氣)는 실생활 속에 도움과 변화를 분명 체감할 수 있도록 할 것이다.

나의 기(氣)와 신(神)의 기가 서로 합하여 이루어진 신기(神氣)는 형체가 없으나 부적, 부작을 통해 그 형체가 남게 된다.

이것이 서로 응하여 영험함이 나타나게 된다.

때문에 누구나 정확한 절차와 제작방법에 따라 스스로 만들어 사용한다면 나쁜 기운으로부터 보호받으며 모든 재앙과 재액을 물리치고 길상의 기운으로 바꿔 소지자에게 대길(大吉)의 행운과 만사형통의 기운이 넘쳐나게 하는 신령물(神靈物)이다.

부적, 부작을 통해 각종 재난을 미연에 방지하고 곤경에 처한 사람을 도와줄 수 있다면, 이 또한 선덕(先德)을 베푸는 게 될 것이다.

이 책을 통해 부적, 부작이 우리의 일상 생활속의 '지혜(知慧)의 장(章)'으로 널리 활용될 수 있기를 바랄 뿐이다.

끝으로 이 책 저술에 많은 도움을 주신 필자의 스승이며 육효(六爻)의 달인이신 김용연 선생님과 출판을 맡아주신 안암문화사 이창식 사장님에게 감사의 마음을 전한다.

2015. 嚴冬에

감 수

　흉함을 피하고 길함을 얻기 위하여 특별한 형상의 그림이나 문자를 종이 위에 옮긴 것을 부적(符籍)이라 하고, 또 이것을 어떠한 모형이나 액세서리 등을 만들어 패용하고 다니는 것을 부작(符作)이라 하는데, 우리는 부적이나 부작을 총칭하여 부작이라 한다.

　부작은 고대(古代) 성현(聖賢)께서 신과의 교감에 의하여 얻어진 신의 뜻이다.

　특정사안에 대하여 부작의 효과를 많은 사람들이 의심하고 있다. 그러나 지금까지 수 천 년 또는 수 백 년 동안 부작이 전수되어 오는 과정에서 부작의 효과가 검증되지 않았다면 이미 부작은 전수되는 과정에서 소멸되어 버렸을 것이다.

　부작의 신묘함을 직접 체험하고 또 연구 발전시킴은 마땅히 무속인과 역술인들의 몫이라 하겠다.

　최태종 선생은 일찍 역학에 입문, 각종 술서(術書)를 탐독 연구하여 역학의 발전에 크게 기여하고 있던 바, 본인(本人)이 비장하고 있던 수 많은 부적(符籍)을 이번에 정리 연구하여 세상에 공개(公開)하니 역술인으로서 자랑스럽다 하겠다.

　본 책이 강호(江湖)의 무속인과 역술인들에게 다소 도움이 된다면 감수인으로서 더 바랄 나위가 없다 하겠다.

신산이수(神算易數) 연구회 회장　김 용 연

차 례

1편
부적의 원리 이해

제1장 기초원리

1. 부적과 주문의 의의

부적(符籍)은 동양오술(東洋五術) 중에서 산(山)에 속하며, 산(山) 가운데서도 수밀(修密)에 속한다. 부주(符呪)는 곧 부적에서 쓰이는 주문을 말한다.

부적의 용도와 사용법은 매우 다양하다.

사람의 몸이나 자동차, 집, 방, 축사(畜舍) 혹은 사무실에 붙이기도 한다. 침대나 요, 베개 등에 넣어서 병(病)과 잡귀(雜鬼)를 물리치고 몸을 보호하거나 사고를 방지하기 위해 쓰기도 한다. 또 집 안의 평안, 사업의 번창을 기원하는 용도로 사용하기도 한다.

부적은 몸에 지니기도 하고, 불에 태워 깨끗한 물에 타서 마시기도 하고, 불로 태우는 의식을 하기도 하고, 물 속에 넣어 그 물로 몸을 씻기도 하고, 불에 태워 남은 재를 소금에 섞어 뿌리기도 한다.

부주(符呪) : 일반적으로 사용하는 부적 문장의 주문 언어를 말한다. 그 작용은 능히 병을 치료하고, 사악을 쫓고, 몸의 염증을 없애는 것이다.

옛 서적에서 말하기를, 부적이란 한 마음으로 서로 합쳐야 믿음직한 것이라 하였다.

나의 기(氣)와 신(神)의 기(氣)가 서로 합하여 이루어진 신기(神氣)는 형체가 없으나, 부적을 통해 그 형체가 남게 된다고 하였다. 그 것이 서로 응하여 영험함이 나타나게 된다고 하였다.

또 이르기를 부적이란 음양(陰陽)의 결합이고 하늘 아래에서 유일하게 쓸 수 있는 것이라 하였다. 부호(符號)에 의해 귀신(鬼神)을 부리니, 맞지 않을 수가 없다고 하였다.

주문(呪文) : 비는 행위인 동시에, 소리에 해당한다. 혹여 저주로 신명께 고하면 재난을 받기도 하는 것이다.

성현들은 이러한 주문들을 통해 백성들을 도와 재앙을 없애고 위기에서 구해내기도 하였다. 하지만 사악한 이들은 도리어 이 것을 악용하여 어진 백성들을 기만하기도 하였다.

이런 탓에 부적을 도(道) 밖의 술수, 즉 '좌도(左道)'로 분류하기도 한다. 이 과정에서 일반인들의 심중에 한 층 어두운 그림자를 남겨 놓았는데 지금까지도 그 여파가 남아 있다.

부적을 믿지 않는 자는 부적의 응험이 따르지 않는다. 독자들은 이 술법에 대해 기본적인 신뢰를 가져야 한다.

일반인들의 집에서 방문, 창고 등에 늘 여러 장의 누런 부적들을 붙여 놓기도 하는데, 그 작용은 사악함을 피하고 살(煞)을 진압하는 것으로, 곧 마음의 평안을 위한 것이다. 간단하게 말해 심령(心靈) 상의 의탁과 치료를 위한 것이다.

2. 부적의 기원

동서양과 고금을 막론하고 각자 신의 존재에 대한 특유한 관념이 어디든지 존재하고 있다. 문명의 발달에도 부적 주문과 점술에 대한 신뢰도가 더욱 높으며, 그 영험함의 수준 또한 더욱 신기한 것으로 나타난다.

'만법귀종(萬法歸宗)'에 전해오는 많은 신비한 부적 주문에 근거해볼 때, 부적 주문은 고대 황제(黃帝) 시대에 이미 상당한 정도로 성행했음을 알 수 있다. 우리나라도 상고시대에 부적이 성행한 근거는 천부경의 기원을 통해서도 나타난다.

음양(陰陽)의 학설은 동양오술(東洋五術)[1]의 가장 기본적인 토대에 해당한다.

무릇 의약이나 명리(命理), 점복(占卜), 상학(相學)의 이해에 있어 모두 이 음양오행(陰陽五行)의 체계를 떠날 수 없다.

인간 세계와 영(靈)의 세계는 같은 공간에 존재하는 것이 아니기에 직접 의사소통을 할 수 있는 방법이 없었다. 부적의 주문은 이를 해결하고자 하는 인간들의 절박한 수요에 의해 생겨난 것이다. 부적의 주문, 곧 부주(符呪)를 통해 인간과 귀신 사이에 의사소통이 이뤄질 수 있었다.

부적의 유파는 간단하게 대개 두 개의 파(派)로 나눌 수 있다. 한 개의 파는 정법(正法)으로 속칭 부자로(符仔路)라 하는 것이고, 다른 한 개의 파는 사법(邪法)으로 속칭 엽자로(葉仔路)라 하는 것이다.

---

1) 명(命), 복(卜), 의(醫), 상(相), 산(山)의 다섯 가지 분야로 음양오행설을 그 기반으로 하고 있다.

대부분은 정법에 해당하며, 사법은 외부에 거의 공개되지 않은 채 비밀리에 전수되고 있다.

3. 부적의 종류

부적은 그 종류에 따라 황지(黃紙), 홍지(紅紙), 백지(白紙), 청지(靑紙), 흑지(黑紙)에 주사(硃紙) 혹은 먹물을 사용하여 붓으로 그리는 일종의 기호이다. 대체로 변형된 한자 혹은 서장어(西臟語)로 구성되어 있다.

부적의 종류는 크게 세 가지로 나누어 볼 수 있다.

(1) 부적의 모양에 따른 분류

일반적으로 부적의 모양은 크게 두 가지 종류로 나뉜다.

첫 번째는 사람들이 알 수 없는 도형과 문자로 구성된 것이다. 이 유형의 부적은 보통 사람으로서는 그 체계를 해석할 방법이 없다. 이러한 부적을 쓸 수 있는 사람은 신과의 교감을 통해 쓰게 된다.

이 때문에 이러한 유형의 부적은 여러 면에서 신비한 면을 갖게 된다.

두 번째는 사람들이 파악할 수 있는 일반적인 문자 혹은 도형으로 이루어진 것이다. 이 유형의 부적은 기원 전후를 즈음하여 시작되었다. 이는 도력(道力)이 높은 도사의 신탁(神託)에 의해 만들어진 것이다.

奉勅令靈水玉宮
護身保命平安罡

1) 이 부적은 문자와 도형으로
   이뤄진 것으로, 비교적 알기
   쉽고 한 번 보면 그 용도를
   쉽게 파악할 수가 있다.
2) 호신부(護身符)로 몸을 평안
   히 하고자 할 때 사용한다.

1) 이 부적은 태상노군입산부
   (太上老君入山符)이다.
2) 전서(篆書)로 쓰인 부적으
   로 신비스러운 면을 갖고
   있다.
3) 본래 몸에 지녀 활용하는
   것인데, 나무 패(牌) 쪽에
   조각하여 입산하는 길목이
   나 혹은 대들보 위에 놓아
   두면 사귀(邪鬼)를 능히 피
   할 수 있다.

(2) 부적의 사용 방식에 따른 분류

1) 붙여 쓰는 부적
붙여 쓰는 부적 중 흔한 것으로, 진택부(鎭宅符 · 집안의 살기를 제압), 평안부(平安符), 태세부(太歲符)를 들 수 있다.
부적을 붙이는 장소에는 조상을 모신 자리, 대들보, 침대, 베개 밑, 산소나 묘비 등이 있다.

2) 태워먹는 부적
이 부적은 일상생활에서 흔히 접촉하는 유형의 부적이다.
다만 부적의 재료로 쓰는 주사(硃砂)는 수은과 유황이 천연적으로 혼합된 물질이므로 가급적 먹지 않는 것이 좋다. 먹물로 쓰여진 부적은 이와 관계가 없다.

3) 몸에 지니는 부적
심신을 평안하게 하는 부적의 대부분은 몸에 지니는 부적에 해당한다. 각종 악살을 피하고 몸을 보호하는 부적의 대부분은 이러한 종류에 속한다.

4) 다려 먹는 부적
약 처방에 활용되는 부적을 말한다. 한약과 함께 부적을 다려 먹는다.

5) 물에 띄우는 부적
이 유형의 부적은 대부분 부부나 남녀 사이의 화합을 위한 부적에 해당한다. 이러한 부적들 중 상당수는 쓴 후에 바닷물이나 강물에 띄워 보낸다.

6) 부적을 태워 넣은 물로 몸을 씻는 부적

이 유형의 부적은 환자들이 질병을 치료하거나 제사를 지내는 과정에서 몸을 청결히 할 때 많이 쓰인다. 부적을 태워 넣은 물을 환부 혹은 몸 전체에 끼얹어 씻는다.

4. 부적 주문과 수인

부적을 활용하는 과정에는 '부문(符文)', '주어(呪語)', '수인(手印)'의 3가지 단계가 있다. 다만 종교에 따라 중시하는 과정이 서로 다르다. 부문은 부적의 문자를 말하고, 주어는 부적을 쓸 때 외우는 주문을 말한다. 수인은 손가락을 쥐는 형태를 말한다.

도교(道敎)의 경우 부문(符文)과 주어(呪語)를 중시한다. 수인(手印)은 상대적으로 소홀한 편이다.

불교(佛敎)의 경우 주어(呪語)를 가장 중시하고, 부문(符文)과 수인(手印)은 매우 적게 사용하는 편이다.

밀교에서는 일반적으로 수인(手印)을 중시하고, 주어(呪語)는 상대적으로 적게 사용한다. 부문(符文)은 찾아보기가 힘들다.

밀교의 훈련 방식은 체내에 숨겨져 있는 초능력을 흔들어 깨워 당사자로 하여금 초인이 되게 하는데 목적이 있다.

밀교에서 말하는 인(印)이란, 팔과 손가락 및 손으로 구성된 각종 모양을 말하는데, 계인(契印) 혹은 인계(印契)라 하기도 한다.

제2장 부적의 용어 및 개념 해설

▶**부계**(扶乩)

술사가 주사반(硃砂盤)이라는 그릇에 모래를 담은 후 그 위에 정자가(丁字架)를 설치하는데, 이 것을 계필(乩筆)이라고 한다. 혹은 도필(桃筆)이라고도 한다.

붉은 실로 이 것을 집의 서까래에 달아놓고 두 사람이 받들어 사용한다. 모래에 글씨를 쓰는 사람을 정계수(正乩手)라 하고, 옆의 조수는 부계수(副乩手)라 한다.

부계 전에, 먼저 은주(恩主·부적을 쓸 때 청하는 신명)에게 절을 하게 되는데, 이 것을 배란(拜鸞)이라고 한다. 주문을 외워 신을 청하는데 읊는 주문은 금광신주(金光神呪), 정지업주(淨之業呪) 등과 같은 것들이다.

그 후에 계필이 움직이기를 기다리게 된다. 무릎을 꿇고 앉아 신의 계시가 내려오기를 빌면, 계수는 즉시 도필을 흔들게 된다. 이 과정에서 모래 위에 글자가 쓰어진다.

옆의 한 사람이 그 글자를 읊게 되는데 이 사람을 창란생(唱鸞生)이라 한다. 다른 한 사람은 옆에서 그 것을 기록한다. 신이 떠나면 곧 도필이 정지하게 된다. 징과 북을 울리면서 모두들 엎드려 절을 하고난 후, 신을 떠나보낸다.

▶**부기**(扶箕)

비란(飛鸞)이나 부란(扶鸞), 혹은 관란(關鸞)이라고도 한다.

일종의 키(箕)를 말하는데, 부계(扶乩)와 비슷한 것 같지만 실은 서로 다르다. 부기는 두 사람이 작은 키를 들고 신을 모신 곳 앞에 서 있는 것을 말한다.

신상(神像) 위에는 향로가 놓여 있다. 그 곳에 3개의 향을 꽂아 놓고 종이를 태운 다음, 신명(神明)의 가르침을 청하는 주문을 외우게 된다.

옆의 선생이 문초를 하면 부란(扶鸞) 두 사람은 마주 들고 있는 키를 움직이면서 깃대에 담긴 쌀 위에 글을 쓴다. 이 과정에서 신명(神明)의 가르침이 쌀 위의 문자로 나타나게 된다. 법사가 쌀 위의 형상을 보고 점괘의 뜻을 해석해준다.

▶ 괘향화(掛香火)

신명(神明)에게 축원을 드린 후 부적을 취하고, 향의 재를 붉은 비단 주머니에 잘 싸서 그 위에 '관성제군비우평안(關聖帝君庇佑平安)' 등의 글자를 쓰는 것을 말한다.

운전수나 군인, 아이들이 일신의 평안을 위해 향 재를 달아매고 다니는 것이다.

▶ 안태신(安胎神)

고대에는 임산부의 몸이 좋지 않거나 혹은 아기를 밴 배가 몹시 아파 참기 어렵게 되면, 태신(胎神)을 범했다고 간주하였다. 이를 속칭 태신작숭(胎神作祟)이라 한다. 그렇게 되면 태신(胎神)을 안정시키는 비방을 쓰게 된다.

예를 들면 부적을 써서 임신부가 있는 방에 붙여 놓거나 임산부가 먹고 마신다. 이 과정을 안태신이라 한다.

▶ 제토목살(祭土木煞)

토목 공사를 하는 중, 실수로 태세방(太歲方)을 범하거나 집안의 귀신에게 무례하게 대하면 사고가 발생하기도 한다. 혹은 거주하는 집안에 우환이나 병자가 발생하기도 한다. 이를 속칭 범토살(犯土煞)이라고 한다.

이렇게 문제가 발생하게 될 때에는 제사를 지내 살을 해소하는 것을 제토목살(祭土木煞)이라 한다.

▶ 천공생(天公生)

음력 9월 9일을 '중양절(重陽節)'이라 하는데, 다른 단어로 (天公生)이라고도 한다.

▶ 법승(法繩)

술사나 도사가 법술을 통해 사악한 요물을 몰아내는 것을 말한다. 혹은 법색(法索)이라고도 하는데, 도가(道家)에서는 금사(金蛇)라 부르기도 한다.

▶ 호자야(虎仔爺)

일반적으로 절간에 있는 호야(虎爺)는 대개 신상(神像) 아래에 놓는다. 혹자가 말하기를 범은 서방의 금(金)에 속하므로, 능히 사람을 보호하여 돈을 얻게 하기 때문에 토지공(土地公)에 배속시킨다고 한다. 이 것을 호자야(虎仔爺)라 한다.

▶ 전살(轉煞)

사람이 죽은 후에는 일정한 시간 내에 집에 한 번씩 돌아와서 가속(家屬)의 동정을 엿본다고 한다. 이 때 간혹 탈이 나는 수가 있는데, 이 것을 전살(轉煞)이라 한다.

▶유응공(有應公)

외로운 혼(孤魂)이나 떠도는 혼(野鬼)을 말한다. 예를 들어, 1950년대 초 한국전에서 사망한 군인들 중 상당수는 수습해 주는 사람이 없어, 전쟁에서 죽으면 그 주검들이 길에 널리게 된다.

이렇게 떠도는 황야의 혼들은 그 자손들이 없기에 아무도 제사를 지내주지 않는다. 이러한 귀신을 다른 말로, 음공(陰公) 혹은 만응공(萬應公)이라 부르기도 한다.

▶은주공(恩主公)

선인들 중 걸출한 행적을 남겨 사람들의 존경과 추앙을 받거나 혹은 후세를 돕는데 공이 있었다면, 후세 사람들은 글로 남겨 그들의 공덕을 기리게 된다. 이를 은주공(恩主公)이라 하여 부적을 쓸 때 청하기도 하는 것이다.

대표적인 예로 귀곡조사(귀곡자)나 관공(관운장)을 들 수 있다.

▶삼내부인(三奶夫人)

도교에 삼내파(三奶派)가 있는데 삼내부인(三奶夫人)을 주신(主神)으로 하고 있다. 이들은 전문 술법으로 각종 액을 해결한다.

▶법주공(法主公)

도교 유파에는 두 개의 소파(小派)가 있는데, 즉 삼내파(三奶派)와 법주공파(法主公派)이다. 삼내파는 주로 산액(産厄)을 치료한다. 법주공파는 주로 사악한 살(煞)을 치료하는 것으로서, 구룡삼공(九龍三公)을 받들게 된다.

▶ 도종규(跳鍾馗)

민간 신앙에서는, 만약 누군가가 목매달아 죽거나, 차 사고가 나는 등 각종 재난이 발생하게 되면, 그 후에 한이 맺힌 귀신이 나타나 사람들을 괴롭히거나 해친다고 생각한다.

옛 풍속에 따르면, 이럴 경우 조체신(找替身)을 찾아 거기에서 만귀지왕(萬鬼之王)을 청하여 종규(鍾馗·역신을 쫓아낸다는 귀신)로 분장하여 살(煞)을 제압하고, 사악을 몰아내었다고 한다.

민간의 풍속 중에 단오절 오시(午時)에 주사와 먹으로 종규의 그림을 그리고 닭의 피로 눈을 그려 넣는다. 이를 속칭 주사판(硃砂判)이라고 한다. 그런 후 그 그림을 묘당(廟堂)이나 절에 걸어 놓으면 악귀를 제압하게 된다.

▶ 삼혼칠백(三魂七魄)

운급칠첨(雲笈七籤)에 이르기를 부인의 몸에는 삼혼(三魂)이 있다고 한다.

그 하나는 일명 태광(胎光)으로서 태청양화(太淸陽和)의 기이고, 다른 하나는 상영(爽靈)으로 음기지변(陰氣之變)의 기이고, 다른 하나는 유정(幽精)으로 음기지잡(陰氣之雜)의 기라 하였다.

또 이르기를 사람의 몸에는 칠백(七魄)이 있다고 한다.

첫째가 구(狗)이며, 둘째가 복시(伏矢), 셋째 작음(雀陰), 넷째 탄적(呑賊), 다섯째 비독(非毒), 여섯째 제예(除穢), 일곱째 취폐(臭肺)이다.

이 칠백(七魄)이 몸 안을 흐리게 하는 귀신이다.

사람이 죽은 후에는 칠 일에 한 번씩 백(魄)이 소실되는데 그것이 사람을 헤치게 한다.

▶구로단(求爐丹)

구로단이란 신 앞에서 질병의 원인을 알리고 다시 화로(火爐)에서 향의 재를 꺼내 물에 타서 마시는 것이다.

▶오영공(五靈公)

다섯 온역신(瘟疫神)을 말한다. 장(張), 종(鍾), 유(劉), 사(史), 조(趙)의 다섯 성신(姓神)을 오영공이라 부른다. 민간에서는 오제(五帝)라 한다. 온(瘟), 황(瘟), 역(疫), 려(癘) 등의 여러 병마(病魔)를 주관한다.

▶제초(齊醮)

도가에서 단(壇)을 설치하고 기양법(祈禳法 · 복은 들어오고 재앙은 물러가라고 비는 것)을 통해 수련하는 일을 말한다.

▶염승(魘勝)

좌도술(左道術)로 사람을 마귀한테 보내는데, 이를 염매(魘魅)라고 하고, 주로 그 일을 하는 사람을 염승이라 한다.
＊(魘 · 가위눌릴 염)

▶망량(魍魎)

도깨비의 일종으로 산천(山川)의 정물(精物)이다. 물귀신이 이에 해당한다.

▶괴강(魁罡)

별의 이름으로 곧 북두(北斗)의 별을 말한다.

▶이매(魑魅)

산택(山澤)의 신이다. 이(魑)는 산림의 이기(異氣)에 의해 생기는데 사람을 해친다. 매(魅)는 산신(山神)으로 짐승의 모양을 가진 늙은 정물(精物)이다.

▶개광(開光)

불상이나 신상이 완성된 후 택일(擇日)하여 예를 드리고 그것을 받들어 모시게 되는데, 반드시 먼저 개광(開光) 의식을 거행해야 한다. 혹은 개광안(開眼光), 개광점정(開光點睛)이라 한다.

▶정신(丁神)

육정(六丁)의 신(神)을 말한다. 육십갑자 중 매번 정(丁)과 만나게 되는 일진(日辰)의 지지(地支)가 정신(丁神)이다.

예를 들면 정묘(丁卯), 정축(丁丑), 정해(丁亥), 정유(丁酉), 정미(丁未), 정사(丁巳)가 된다.

▶삼계(三界)

도가(道家)에서 말하는 삼계에는 세 가지가 있다.

1) 시간(時間)을 말하는 것으로 우주를 삼계(三界)로 나눈다. 무극계(無極界), 태극계(太極界), 현세계(現世界)로 나눈다.
2) 공간(空間)을 말하는 것으로 천지(天地)를 삼계(三界)로 나눈다. 천계(天界), 지계(地界), 수계(水界)로 나눈다.
3) 도경(道境)을 말하는 것으로 욕계(欲界), 색계(色界), 무색계(無色界)이다. 이 모두를 삼계(三界)라고 칭한다.

▶ 부록(符籙)

부록(符籙)이란 도가(道家)의 비문(秘文)을 말한다. 도를 구하는 사람이라면 모두 부록을 가지고 있었다. 곧 부록이란 귀신과 서로 통할 수 있는 일종의 신호이다.

이 신호는 선 모양의 구불구불한 전주(篆籒)의 글자로 만들어 졌고, 이에 성뇌(星雷)의 문(文)을 부(符)라고 한다.

록(籙)은 비적(秘籍)으로서 여러 천조관좌속(天曹官佐屬)의 이름을 기록한다. 도가(道家)들이 도(道)를 받을 때 부록을 가장 중요한 것으로 간주한다.

그 것은 부록으로 능히 하늘에 닿고 땅에 이르며, 요괴를 진압하고 사악함을 쫓으며, 또 능히 병을 치료하여 아주 영험하게 쓸 수 있기 때문이다.

▶ 적(聻)

적(聻)은 곧 적신(聻神)을 말한다. 귀신의 죽음을 적(聻)이라고 하기에, 귀신은 도리어 그 것을 무서워하므로 귀신을 피할 때 사용된다.

적(聻)의 소리는 전(賤)으로, 속칭 사악함을 피하는 부적으로서 전해진다. 사람이 죽어 귀신이 되고, 귀신이 죽어 적(聻)이 되는데, 만약 전서(篆書)로 이 글자를 써서 문 옆에 놓으면 백 가지 귀신이 멀리 도망간다.

유양잡조(酉陽雜俎)에서는 다음과 같이 전한다.

'당시 풍속에 문에 범의 머리를 그려 붙이거나 적자(聻字)를 붙였는데 이 것을 음부귀(陰府鬼)의 신명(神名)이라 하였다.

▶ 삼청(三淸)과 부적 주문의 관계

전설에 의하면 삼청(三淸)은 원시천존(元始天尊 · 하느님)이

법(法)으로 변신한 것에 관계되므로 이른바 '일기화삼청(一炁化三淸)'이라 한다.

열선전(列仙傳)에 말하기를 아직 하늘과 땅이 구별되지 않았을 때 일원정기(一元精氣)가 대라천상(大羅天上)에서 삼청(三淸)으로 변신하였다고 한다.

첫 번째는 무형천존(無形天尊·지금의 원시천존 元始天尊을 말함)으로, 항상 청미천(淸微天)의 옥청경(玉淸境)에 머무른다.

두 번째는 무시천존(無始天尊·지금의 영보천존 靈寶天尊을 말함)으로 화하여 우여천(禹餘天)의 상청경(上淸境)에 늘 머무른다.

세 번째는 범형천존(梵形天尊·지금의 도덕천존 道德天尊을 말함)으로 화하여 대적천(大赤天)의 태청경(太淸境)에 늘 머무른다.

도가(道家)의 부적 유파들 상당수가 삼청(三淸)을 그 종사(宗師)로 하고 있다. 어떤 사람이 논하기를, 부적을 쓴 후 이 부적을 반드시 태상노군(도덕천존)이 살펴보아야 하며, 다시 원시천존에게 드려 도장을 찍은 후, 그런 다음 통천교주(영보천존)한테 드린다고 하였다.

위의 말로부터 알 수 있는 바, 三淸(옥청(玉淸), 상청(上淸), 태청(太淸)은 선천적으로 최고의 신성함을 가지고 있다. 부적 주문과 떨어질 수 없는 관계를 갖고 부단히 전래되어 내려오고 있다.

▶소지(燒紙)

소지는 신에게 올리는 하나의 예식으로 종이를 허공에 불

사르는 것을 말한다. 타는 모양을 보아 길흉(吉凶)을 판단하기도 한다.

▶ 보강섭기(步罡躡紀)

이른바 강(罡)이라 함은 곧 괴강(魁罡)을 말하는데, 북두칠성의 머리이다. 기(紀)는 곧 성기(星紀)이다. 성신(星辰)이라 하는 것은 보강섭기(步罡躡紀)를 말하는데, 세속에서는 보강답두(步罡踏斗)라 한다.

보강답두(步罡踏斗) 시에는, 반드시 정신을 집중하고 마음속 잡념을 없애야 하며, 왼손에 검결(劍訣)을 하고, 오른손에 뇌인(雷印)을 들고, 한 발 걷고 한 번 주문을 읊는데, 걸음이 온건(穩健)해야 하고, 추호의 틀림이 없어야 한다.

일반적으로 두법(斗法)의 종류는 매우 많다. 호두(好斗)와 태두(呆斗)가 있는데, 호두는 정법(正法)이고, 태두는 사법(邪法)이다. 호두에는 또 칠성과(七星斗), 삼태과(三台斗), 옥녀과하두(玉女過河斗), 화하두(和河斗), 서두(西斗), 팔괘두(八卦斗), 구성두(九星斗), 오성두(五星斗) 등이 있다. 태두에는 천라두(天羅斗), 지망두(地網斗), 미혼두(迷魂斗), 단로두(斷路斗), 금정두(金井斗), 칠살두(七煞斗), 오귀두(五鬼斗), 추혼두(追魂斗), 출병두(出兵斗), 반궁두(反宮斗) 등이 있다.

▶ 오영군장(五營軍將)

오영군장(五營軍將)에는 두 가지 설법이 있다.

그 한 가지 설법은 중영중단원수(中營中壇元帥), 동영나곤(東營羅昆), 서영라찬(西營羅燦), 남영문량(南營文良), 북영초현(北營招賢)이다.

다른 한 가지 설법은 동영장공(東營張公), 서영유공(西營劉

公), 남영소공(南營蕭公), 북영연공(北營連公), 중영이공(中營
李公)이다.

▶급급여율령(急急如律令)
부적에 항상 붙는 이 구절에 대해서는 두 가지 說法이 있다.

첫째는 관습에 따른 것이다. 한조매행(漢朝每行)의 문서에
는 모두 '여율령(如律令)'이라고 썼는데, 율(律)도 아니고, 령
(令)도 아닌 문서에는 글의 행(行) 아래에 '여율령(如律令)'이
라고 썼다는 것이다. 이로 인해 부적과 같은 유형의 글에는
'여율령(如律令)'을 쓰게 되었다는 것이다.
둘째는 율령(律令)의 의미에 관한 것이다. 율령(律令)의
(令)자는 평성(平聲)에 가깝고, 영(零)으로 읽는다.
율령(律令)은 우뢰(雨雷) 옆에 사는 귀신을 말한다. 이 귀신
은 잘 달아나는데, 번개같이 아주 빠르다. 그렇기 때문에 귀
신같이 빠른 것을 의미하는 단어로 쓰이게 되었다.

일단 두 번째 설법이 비교적 믿음직하다. 그 의미는 전부동
자(傳符童子)를 청(請)하여 속히 이 부적주문을 천정(天庭)에
전하게 한다는 것이다. 즉 부적의 기능을 속히 실행하도록 신
이 지시하는 것이다.

▶주신(主神)
우리들이 신단(神壇)이나, 묘당(廟堂), 화로(火爐)를 세울 때,
하나의 주신(主神)을 모시게 된다. 그 밖에 몇 개의 부신(副
神)과 오영군장(五營軍將)들이 있는데, 주신(主神)으로 삼을
수 있는 것은 구천현녀(九天玄女), 삼부천세(三府千歲), 오부

천세(五府千歲), 조사(祖師), 중단원수(中壇元帥), 법주성군(法主聖君), 관성제군(關聖帝君), 천상성모(天上聖母) 등이 있다.

주신(主神)을 단(壇)에 모실 때에는 반드시 먼저 주신(主神)의 동의를 거쳐야 한다. 그 다음 주신(主神)이 하늘에 아뢰어 옥지(玉旨)의 허락을 받은 후, 비로소 신상을 받들어 단 가운데 모셔놓고 그 위력의 과시로 사람들에게 복을 만들어 주게 된다.

'천법만귀일로(千法萬歸一爐)'라 하여 주신(主神)이 신단(神壇)의 화로(火爐) 가운데 모셔들일 때만 비로소 그 신령함이 발휘될 수가 있다.

▶주사(硃砂)

주사(硃砂)라고 하는 것은 수은과 유황의 천연화합물이다. 색깔이 진홍색으로 염료로도 쓸 수 있다. 한약에서 주사는 마음과 혼을 안정시키는 효능을 갖고 있는 것으로 알려져 있다.

▶파토(破土)와 동토(動土)

1) 파토(破土)는 금진(金進 · 관)을 매장하여 묘를 만들기 위해 땅파는 공사를 하는 길일(吉日)을 말한다.
2) 동토(動土)는 사람이 세상에서 사는 집과 같은 각종 축물을 짓기 위한 공사를 시작하는 날을 말한다.

곧 동토(動土)는 땅의 터를 파헤칠 때, 파토(破土)는 장사지내는 것을 뜻한다. 집을 짓거나 묘를 만들 때 쓰는 용어로써 나온 지는 오래되었다. 그 때부터 지금까지 각자의 그 뜻을 정확히 알고 있는 사람이 많지는 않다. 민간에서 각종 행사와 예식을 정중하게 치르려고 하는데서 파토(破土)라는 말을 쓰게 되었다. 파토(破土)를 무시하여 아무렇게나 날을 잡아 크게 어긋난다면 기(氣)가 떨어지게 된다. 본인은 길해지기를 바라지만 도리어 흉하게 되며, 남들의 비웃음만 크게 사게 된다.

▶개광(開光), 출화(出火), 기복(祈福)

개광(開光) : 신상(神像) 조각에 신을 넣기 위해 눈을 찍어(點眼) 빛을 내게 하는 것을 말한다.

출화(出火) : 낡은 집을 새로 짓기 위해 신령(神靈)과 부처를 아버지와 어머니로 모시고 향불을 피워 다른 사람의 집에 잠시 의탁해 살 것을 비는 것을 말한다.

기복(祈福) : 신불(神佛)이 복을 내려주는 것을 기원하는 것이며, 생일날 또는 공손한 감사의 표시를 할 때 한다.

▶사토(謝土)와 사부(謝符)

사토(謝土)라 함은 새로 절과 같이 큰 건물을 지을 때나 묘(墓)를 완공한 후 땅의 신에게 감사의 표시 금신(金神)을 드리는 것이다.

법사가 부적령을 쓴 후 영험을 얻게 되면 신명(神明)의 발휘에 감사의 표시를 하게 된다. 이 때 쓰게 되는 부적이 사부(謝符)이다.

▶생체(牲禮)

곧 제물(祭物)을 말한다. 제물에는 삼생(三牲), 오생(五牲)의 구별이 있다.

삼생(三牲)은 오생(五牲) 중 돼지고기, 닭, 물고기를 말하는데 일상적인 제사에 쓴다. 오생(五牲)은 돼지고기, 닭, 오리,

물고기, 알을 말하는데 비교적 큰 제사 때 쓴다.

또 작은 삼생(三牲)으로 닭의 알을 닭 대신에 쓰고, 작은 돼지고기 덩이로 큰 돼지고기 덩이를 대신하며, 오징어로써 물고기를 대용하기도 하는데, 신장(神將)이나 신병(神兵)에게 비는 간단한 제사 의식 때에 쓴다.

그밖에 채반(菜飯·야채 밥)은 흔히 먹는 12가지 채소와 밥으로, 조상들에게 절을 할 때 쓰인다. 야채 그릇에는 평소에 늘 먹는 야채 12종이 있는데, 이는 석가모니, 관세음보살, 미륵불에게 절할 때 쓴다.

▶귀신이 두려워하는 것

민간에서 전해 내려오는 것 중에서, 귀신이 두려워하는 물건은 아래와 같은 것들이 있다.

- 부적 주문
- 태양
- 사서오경(四書五經) 중 역경(易經)
- 팔괘(八卦)
- 경문 읽는 소리 (불경, 성경 등)
- 복숭아 나뭇가지
- 역서(曆書)
- 거울
- 음식 가루를 치는 체
- 망(網)
- 칼과 창
- 차 잎과 쌀

- 국기(國旗)
- 왼손이나 왼다리로 제압하기
- 마늘
- 청수(淸水), 성수(聖水)
- 벼락맞은 대추나무

▶부적의 영험함

제일 중요한 요소는 곧 마음을 거울같이 밝게 하고, 마치 호수의 고요한 물처럼 파문 하나 없고, 한 점의 오점도 없어야 하는데, 이 것은 부적을 쓰는데 있어 최고 경지를 이르는 것이다. 정성이 극치에 달하면 쇠와 돌도 자르는 것과 같다.

▶부적을 쓰는 순서와 절차

부적을 쓰기 전에는 가능한 몸을 깨끗이 하거나 목욕재계해야 한다.

그 다음 붓, 먹, 벼루, 종이, 물을 갖추고 먼저 칙수주문(勅水呪文)을 읊은 후, 다시 먹을 갈면서 주문을 읊는다. 다 읊은 후, 집필 주문을 읊고, 집필 주문을 다 외운 후, 붓을 대어 삼청(三淸)을 찍는다.

'첫 번째 필획에 천하가 움직이고, 두 번째 필획에 조사필(祖師筆)이요, 세 번째 필획에 흉신(凶神), 악살(惡煞)이 천리 밖으로 물러가라' 는 주문을 외우면서 써야 한다.

삼청(三淸)을 찍은 후 주사신명(主事神明)을 청하여 이 장(張)의 부적령(符籍令) 내에 들이고, 다시 오영장군(五營將軍)을 청하여 이 장(張)의 부적령(符籍令)을 지키게 한다. 그런 후에 부적의 복부(腹部)를 쓴다. 비유하여 말하면 '주문공진

제오방신살(朱文公鎭祭五方神煞)'과 같은 글씨 등의 모양을 말한다. 그런 후 다시 부적의 발(符脚)을 끼워 놓고 제일 마지막에 비로소 부담(符膽)에 들어간다.

이렇게 한 장의 부적을 쓴 후, 다시 칙부(勅符) 주문을 읊는다.
'일봉투천정, 일서귀신경, 태상화삼청, 급급여율령칙
(一封透天霆, 一書鬼神驚, 太上化三淸, 急急如律令勅)'

그런 후에 다시 이 부적을 향로(香爐)에 있는 세 개의 향대 위에 세 번 돌리면 곧 완성되는데, 이로써 더욱 더 영험한 하나의 부적이 된다.

▶부적 종이의 격식
부적 종이의 색깔은 일반적으로 흰색, 황색, 붉은 색을 가장 많이 쓰고 있는데, 그 외에 청색이나 흑색도 가끔 쓴다. 부적 종이의 크기는 용도에 따라 알맞게 잘라 사용한다.

▶부적 주문의 강약
부적주문을 아는 사람은 모두 그 것의 강함과 약함의 차이를 알고 있다.

강한 것이란 곧 강제적으로 집행함을 뜻한다. 모종의 목적 성취를 위해 청해온 귀신은 반드시 그 목적에 도달할 수 있는 것이어야 하지, 그렇지 않고 청한 신이 오지 않는다면 부적을 제대로 활용할 수가 없게 된다.
결투할 때 사용하는 부적의 주문 역시 강한 것에 속하는 것으로 싸울 때에 마치 전쟁터와 같기에 조심하지 않으면 목숨을 잃게 된다.

약한 것이란 평화롭게 화해함을 뜻한다. 일반적으로 말해서, 약한 부적 주문은 정법에 많이 치우치는 것이다. 조직을 동원하여 빚을 받는 방식을 부적의 강한 것에 비유한다면, 경찰 방면이나 법원을 통해 빚을 받는 방식은 곧 부적의 약한 것에 비유된다.

▶ 귀신을 몰아내는 방법

일반적으로 귀신(도깨비)을 대처하는 방법에는 두 가지 있는데, 아래와 같다.

1) 회귀(賄鬼·재물 귀신)는 약성(弱性)에 속하는 것으로 일반적으로 봉사기(捧篩箕)라고 부르는 법술로 대처한다.

병이 난 집에서 도깨비에게 염원을 바라는데, 그 당일 저녁이나 혹은 다음날 저녁에 많은 종이배와 종이 말, 종이 사람, 향과 초, 차 3잔, 술 3잔, 흰밥 두 그릇, 계란과 돼지고기를 섞은 국 한 그릇 등을 미리 준비해 놓는다.

참대 키 위에 벌려 놓고, 늙은 부인 한 분을 불러 향과 초에 불을 붙인 후 여러 가지 제물을 차려 놓은 참대 키를 쳐들어 환자의 방문 입구가 있는 땅 위에 놓는다.

그 다음 각종 종이로 만든 노자 돈을 태우는데, 이 때 도사(禱詞·기도를 드리는 시)를 한 수 읊으면 곧 완성된다.

2) 축귀(逐鬼·잡귀를 쫓음)는 강성(强性)에 속하는 것으로 법사를 청하여 환자에게 술법을 쓰는 것이다. 많은 부적 주문을 환자의 침상 위 또는 방문 위에 붙여 놓는데, 병이 다 나을 때까지 계속 한다.

제3장 부적의 제작 과정

1. 부적작성시 준비과정

(1) 준비물

1) 부적의 용도와 종류에 따라 황색, 홍색, 백색, 청색, 흑색 가운데 필요한 종이를 준비한다. 종이의 색은 부적의 용도에 따라 다르지만 대체로 황색, 홍색, 백색 종이를 많이 사용한다.

2) 주사(味砂)와 깨끗한 접시, 먹과 벼루를 준비한다. 주사를 사용하는 것이 가장 좋지만, 먹물을 사용해도 무방하다. 주사는 수은과 유황이 합성된 붉은색의 물질로, 심신의 안정 작용에 효과가 있다.

3) 붓을 준비한다.

4) 먹을 쓸 경우 필요한 물과 향을 세 개 준비한다.

5) 쌀을 담은 향로를 준비한다.

6) 양초와 촛대를 각각 두 개 준비한다.

7) 위의 준비물을 상 위에 정돈한다. 신주(神主)를 모시고 있는 제단이 있으면 그 것을 활용한다.

(2) 부적을 쓰는 규칙

모든 일이 그렇듯이 부적을 쓰는데도 일정한 격식과 규칙이 있다. 부적의 격식은 변화가 많은 것으로, 부적을 모르는 사람들이 보면 참으로 어리둥절한 내용들이다.

그러나 이 법도를 아는 사람은 그것을 쓰는 것을 한 번만

보아도 그 부적을 쓰는 사람의 도행(道行)이 얼마나 높은지를 알 수 있고, 또 그 부적의 용도에 대해서도 알 수 있다.

만법귀종(萬法歸宗)이라 하였으니, 아무리 괴이하고 변화가 많다 하여도 기본 원리에서 크게 벗어나지는 못한다.

부적과 주문에도 일정한 격식이 있는데, 이 것은 마치 우리들이 언어와 문자를 이용하는 방식과 같다. 반드시 격식에 맞아야 비로소 의사가 통할 수 있다.

(3) 준수 사항

무릇 부적과 주문을 배우려는 사람들은 반드시 다음의 사항을 준수해야 한다. 즉 사람을 구하는 것을 목적으로 해야 한다.

1) 충성스럽지 않고, 불효하고, 인자하지 않고, 의롭지 않은 제자들에게 전수하지 말라. 그렇지 않으면 괴이한 것들이 몸을 감싸게 되어 자신을 멸망시키고 후대를 끊게 하는 재앙을 면치 못하리라.
2) 스승을 존경하지 않고 도를 중히 여기지 않는 제자들이 함부로 활용하지 못하게 하라. 그렇지 않으면 자기의 일생을 망치리라.
3) 심사가 바르지 못하고 거동이 경박한 자에게 전수하지 말라.

2. 사용되는 주문

부적을 쓰기 전에 반드시 목욕재계를 한다. 손을 씻고 입을 헹궈야 하는데, 이 것은 정성의 표현이다.

다음 부적을 쓰는 도구(붓, 먹, 벼루, 종이, 물, 주사)를 준비한다. 시작할 때 먼저 신명이나 하늘을 우러러 무엇 때문에 부적을 쓰게 되었는지 그 사연을 아뢴다.(예를 들면 재앙을 없애고 위험에서 벗어나거나 혹은 의사를 청해 병을 고치는 등)

그런 다음 향을 피우고 예를 올린 후 물, 주사(먹), 붓, 종이 등을 차례로 고(告)한 후 주문을 읊으면서 부적을 쓴다.

(1) 부적 쓰기

천살(天殺)이 있는 방향에 제단을 준비한 후 단정히 앉아 붓을 들어 쓴다. 신에게 기도를 한 후 입으로 숨을 크게 3번 들여 마셨다가 내쉰다.

그 다음에 윗니와 아랫니가 부딪히지 않도록 물을 한 모금 머금은 상태에서 단숨에 부적을 써내려 간다.

생년 (生年)	신자진 (申子辰)	인오술 (寅午戌)	사유축 (巳酉丑)	해묘미 (亥卯未)
천살(天殺)	미(未)	축(丑)	진(辰)	술(戌)

(2) 정수주(淨水呪)

정수주는 부적에 사용하는 물을 준비할 때 읽는 경문이다.

(此水非凡水, 一點在硯中, 雲雨須臾至, 病者吞之, 百鬼消除, 邪鬼消除, 急急如律令)

(차수비범수, 일점재연중, 운우수유지, 병자탄지, 백귀소제, 사귀소제, 급급여율령)

(3) 정필주(淨筆呪)

부적에 사용되는 붓을 준비할 때 읽는 경문이다.

(元亨利貞, 起筆用神兵, 靈符除邪, 速之大吉, 吾奉太上老君急急如律令)

(원형이정, 기필용신병, 영부제사, 속지대길, 오봉태상노군급급여율령)

(4) 정지주(淨紙呪)

부적에 사용되는 종이를 준비할 때 읽는 경문이다.

(北帝勅吾紙, 畫符打邪鬼, 敢有不伏者, 押至酆都城, 急急如律令)

(북제칙오지, 화부타사귀, 감유불복자, 압지풍도성, 급급여율령)

(5) 부적을 태우기 전에 읊는 주문

(神靈入地, 百無占忌, 神符下地一寸深, 山神惡煞不敢侵. 吾奉楊公仙師急急如律令勅)

(신령입지, 백무점기, 신부하지일촌심, 산신악살불감침. 오봉양공선사급급여율령칙)

3. 부적의 제작과정

먼저 생기(生氣), 복덕(福德), 천의(天宜)에 해당하는 길일(吉日)을 택한다.

다음으로 자시(子時)와 인시(寅時), 사시(巳時) 중에 적합한 시간을 선택하여 부적을 쓴다.

쓸 때는 반드시 단숨에 끝내야 하는데, 의식을 집중하고 잡념을 없애야 한다. 그래야만 비로소 부적이 신기한 효력을 발휘할 수 있다. 옛사람들이 말하기를 한 번의 정성으로도 천지의 귀신들이 감격할 수 있다고 하였다.

1) 부적을 만들기 전에 아침에 일어나서부터 부적을 쓸 때까지는 화를 내거나, 싸움을 하거나, 남을 미워하거나, 시기하거나, 거짓말을 하거나, 술을 마시는 등 좋지 않은 행위와 사심을 일체 삼가고 평온한 마음으로 지내야 한다.
2) 부적을 쓸 때가 가까워지면 깨끗한 물로 양치와 세수를 하고 준비된 물건을 상 위에 진열하여 조용한 방 한가운데 놓는다.
3) 향을 먼저 사르고 난 후, 양초에 불을 붙인다. 5-10분 정도 정좌하여 잡념과 사념을 버리고 평온한 마음으로 입을 크게 벌려서 더러운 기(氣)를 세 번 토해낸다.
4) 더러운 氣를 토해낸 다음, 강신(降神) 의식을 올린다. 강신 의식에는 소리를 내지 않고 마음 속으로 주문을 3번 반복하여 외워야 한다.(주문은 각 파에 따라 내용이 다르며, 민간 신앙에서 신봉하는 무수한 신들의 명칭이 등장하는데, 그 내용은 대체로 다음과 같다.)

'향을 피워 놓고 부적의 용도에 맞는 신들이 강림하여 주시기를 간절히 청하오니 부디 내려오셔서 영험한 힘을 부여하여 주시기를 바랍니다.'

하지만 주문의 내용이나 형식에 구애받을 필요는 없다. 부적을 제작하는 사람의 취향에 맞도록 용도에 따라 적당한 내용을 만들어서 사용하면 된다. 사람의 몸을 보호하는 부적을 만들고자 할 때를 예로 들어보면 다음과 같다.

'오늘 밤 어디 어디(상세한 주소)에 살고 있는 제자(弟子) 누구(만드는 사람의 이름)가 향을 피워놓고 사람의 몸을 해치는 모든 사귀들을 능히 물리칠 수 있는 힘을 가진 성스러운 모든 신들을 간절히 청하오니 부디 강림하셔서 영험한 힘을 내려 주시옵기를 비옵니다.'

5) 부적을 그리는 주문이 끝나면 주사 혹은 먹을 정성껏 갈아서 붓을 들고 부적을 그리기 시작한다. 이 때 정신을 집중해 붓 끝을 주시하면서 빠르지는 않아도 거침없이 완성해야 한다.
6) 부적의 종류에 따라 삼청(三淸)이 있는 것과 없는 것이 있다.
  (삼청은〔∨∨∨〕혹은〔$\vee \atop \vee \vee$〕부호를 말한다.)

  만약 삼청(三淸)이 있는 부적이라면 그리는 의식이 끝난 후에 조금 큰 소리로 '지금 무한한 힘을 가지신 성스러운 모든 신들의 이름으로 모든 사귀(邪鬼)들을 제압하노라' 라고 주문을 외운 뒤 즉시 붓을 들어 정신을 집중하고 한 순간에 삼청(三淸)을 그린다.
  이 때 마음 속으로 붓 끝이 곧 큰 칼과 같이 되어 사귀(邪鬼)들을 치는 형상들을 강력한 의지로 그린다.
  또한 삼청(三淸)이 있는 부적은 역시 부적을 그리는 의식이 끝난 후에 조금 큰 소리로 다음의 주문을 읊는다.

  '획 하나에 천하를 움직이며(이 때 위에 있는 부호 하나를 먼저 그린다.), 획 둘에 무한한 힘을 가지신 성스러운 모든 신들의 큰 칼로(이 때 아래쪽 왼편에 있는 부호를 그린다.), 획 셋에 모든 사귀(邪鬼)들을 천만리(千萬里) 밖으로 물리치노라.(이 때 아래쪽 오른편에 있는 부호를 그린다.)'

삼청(三淸)이 없는 부적은 이와 같은 의식이 생략된다.

7) 모든 의식이 끝나면, 청했던 모든 신들을 전송하는 의식을 함으로서 부적을 만드는 절차가 모두 끝이 난다.

4. 부적 작성 시 참고사항

1) 음력 초하루와 보름 두 날은 반드시 부정을 피하고 몸을 깨끗이 한다.
2) 개, 닭, 뱀 등 산 짐승의 고기를 먹지 말아야 한다.
3) 국경일(양력 3월 1일, 4월 19일, 5월 16일, 5월 18일, 6월 6일, 6월 25일, 12월 12일, 10월 26일 등)에는 부적을 쓰지 않는다.
4) 반드시 생명을 구하며, 방생(放生)을 하고, 살생을 하지 말아야 한다.
5) 부적을 쓰기 3일 전과 3일 후는 매운 것을 피하고, 채소를 먹으며, 금욕을 하고, 정좌하고, 경문을 읊는 것이 좋다.
6) 신을 모셔둔 제단 앞 혹은 문 어귀 앞에 쇠로 된 화로에 종이를 태우고(소지), 글씨가 적힌 부적을 불 위에 세 바퀴 돌린 후, 다시 향로에 세 바퀴 돌리면 곧 이 부적은 목적하는 바를 크게 이룰 수 있다.
7) 무릇 모든 부적을 쓸 때는 거침없이 해야 한다. 단번에 이르면 가장 좋다.
   그러나 만약에 글쓰기에 익숙하지 못하다면 천천히 쓰면 된다. 성심으로 정신을 가다듬어 쓴다면 효과를 거둘 수 있을 것이다.

5. 부적 작성 연습

부적 쓰기를 연습할 때 가장 좋은 방법으로, 벽돌 하나를 얻어 그 위에 쓰는 방법을 소개할 수 있는데, 몹시 편리하다.

연습 시 반드시 종이 위에 '연습화부제신불강(練習畫符諸神不降)'의 글자를 쓴 후, 그 것을 문 위에 붙여 존경의 뜻을 나타내야 한다. 그리하여 신을 모독하는 것을 면한다.

부적 주문을 연습삼아 읊을 때는 응당 연습하기 이전에 '연습염주, 제신불청(練習唸呪, 諸神不聽)'을 읊는다.

2편
부적의 구조 이해

제1장 부적 구성의 기본

1. 부적에 나타난 각종 부호

부(符), 주(呪), 인(印)은 세 가지의 신비한 힘을 가진 매개물로 서로 형식을 달리한다. 일반사람들의 상상을 초월하는 힘을 지닌다. 한 장의 부적은 5가지의 요소로 구성되어 있다.

각 요소들은 머리, 주체신불, 배, 담, 발의 기본 부호로 대응하며, 부적 상의 각종 부호는 각기 쓰임새와 작용력을 가지고 있다. 이를 간단히 설명하면 다음과 같다.

부수(符首 · 부적의 머리)
부적령(符籍令)의 근원적인 비자(秘字)를 표시한다.

주사신불(主事神佛)
부적을 주재하는 신명(神明)의 힘을 나타낸다.

부복내(符腹內 · 부적의 중심)
부적을 쓴 사람이 신명(神明)에게 요청하는 바를 나타낸 부호 혹은 문자

부담(符膽 · 부적의 담)
부적의 영(令)을 가두어두는 일종의 자물쇠.

부각(符脚 · 부적의 발)
부적의 영(令)을 집행하는 힘과 행동을 나타낸 것.

- 천지에는 음양(陰陽)이 있는데 모양과 질이 있는 힘을 음(陰)으로, 형태가 없이 氣를 가지고 있는 힘을 양(陽)으로 한다.
- 음생(陰生)은 여러 사물이 어지럽게 널려져 있는 것이요, 음성(陰成)은 곧 과학적으로 다스려 밝혀짐이다.
- 양생(陽生)은 즉 여러 기를 간단하게 줄지어 세워놓음이요, 양성(陽成)은 곧 심령(心靈)의 신(神)이다.

- 음생(陰生)의 수는 2와 4의 두 수로서, 그 것은 화(火)와 금(金)과 같다.
- 음성(陰成)의 수는 6, 8, 10의 수로서, 그 것은 수(水)와 목(木)과 토(土)와 같다.
- 양생(陽生)의 수는 1, 3, 5의 수로서, 그 것은 수(水)와 목(木)과 토(土)와 같다.
- 양성(陽成)의 수는 7, 9의 두 수로서, 그 것은 화(火)와 금(金)과 같다.

부적(符籍)과 주문(呪文)은 무형유기(無形有氣)의 힘에서 연유하며, 그 형체는 유형유질(有形有質)로 표현된다.

그런 고로 부적과 주문은 양중의 양(陽中陽), 양중의 음(陽中陰), 음중의 양(陰中陽), 음중의 음(陰中陰) 이 4종류의 힘이 응용된 것이라 할 수 있다.

1) 재난과 질병에서 몸을 보호하는 부적의 예
   (몸에 지녀 사용한다.)

삼청기호
(부적머리)

주사신불
(九天玄女)

부복내
(부적의 목적)

부담
(부적의 열쇠)

2) 놀라는 일이 있을 때 쓰는 부적의 예
   (한 장은 태워 물에 타서 몸을 닦고, 한 장은 몸에 지니
   고, 한 장은 문 입구에서 태운다.)

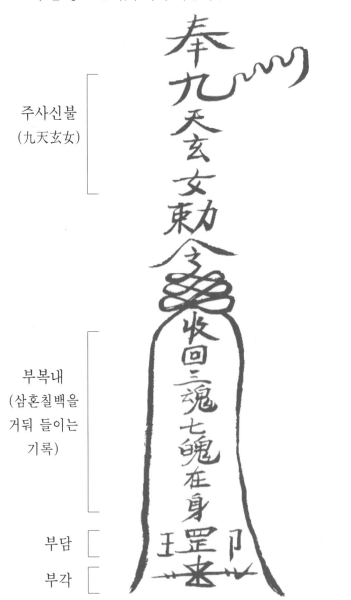

주사신불
(九天玄女)

부복내
(삼혼칠백을
거둬 들이는
기록)

부담

부각

3) 요사한 일이 있을 때 쓰는 부적의 예
   (사랑방 들보 위에 붙인다.)

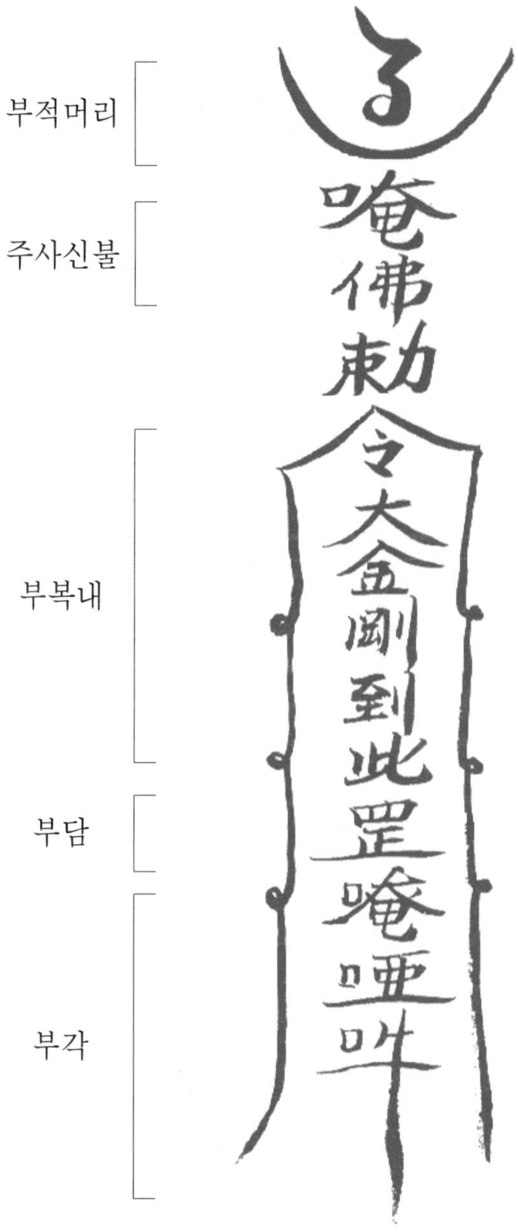

부적머리

주사신불

부복내

부담

부각

2. 부적의 구성

한 장의 부적은 아래의 요소를 기본으로 포함한다.
1) 비자(秘字) : 칙령(勅令), 뇌령(雷令) 등이다.
2) 도형(圖形) : 팔괘도(八卦圖), 태극도(太極圖), 일월성신도
   (日月星辰圖) 등이다.
3) 종교신명(宗敎神明) : 예를 들면 구천현녀(九天玄女), 옥황
   대제(玉皇大帝), 강태공(姜太公), 나무관세음보살, 관성제
   군(關聖帝君 · 관우), 현단원수(玄壇元帥) 등이다.

3. 부수(符首)와 칙령(勅令)

부수(符首)에는 ( )이 있는데 삼청(三淸)을 대표한다.
즉 태청태상노군(太淸太上老君), 옥청원시천존(玉淸元始天尊),
상청통천교주(上淸通天敎主)이다. 칙령(勅令)에는 (∨∨∨)이
있는데 삼계공(三界公 · 天官, 地官, 水官)을 대표한다.

4. 부담(符膽)

부적령(符籍令) 내 조사신명진(祖師神明鎭)에 꿇어앉아
부적령(符籍令)의 문호를 지키는 것을 입부담(入符膽)이라
한다.

(1) 부담(符膽)의 구성 예시 - 1

1) 개천문(開天門 · 하늘을 여는 문)

2) 살귀로(殺鬼路 · 귀신을 없애는 길)

3) 개지부(開地府 · 땅을 여는 곳)

4) 살귀졸(殺鬼卒 · 귀신을 없애는 병사)

정갑부담(丁甲符膽)으로 베껴 쓸 때에는 반드시 다음의 주문을 읊는다.

(甲子, 甲戌, 甲申, 甲午, 甲辰, 甲寅, 丁卯, 丁丑, 丁亥, 丁酉, 丁未, 丁巳)

이 부담(符膽)은 甲, 乙, 丙, 丁, 戊, 己, 庚, 辛, 壬, 癸의 십천간신(十天干神)을 보호하는 표시이다.

 이 부담(符膽)은 子, 丑, 寅, 卯, 辰, 巳, 午, 未, 申, 酉, 戌, 亥의 십이지신(十二支神)을 표시하는 것으로써 진수부령(鎭守符令·부적령을 지키는 자물쇠)에 속한다.

1) 개천문(開天門·하늘을 여는 문)

2) 살귀로(殺鬼路·귀신을 없애는 길)

3) 개지부(開地府·땅을 여는 곳)

4) 벽인로(闢人路·사람을 피하는 길)

5) 살귀졸(殺鬼卒·귀신을 없애는 병사)

6) 파귀두(破鬼肚·귀신의 배를 깨뜨림)

(2) 부담(符膽)의 구성 예시 - 2

1) 주문: 일기천지명(一騎天地明)
   (한 번 타니 천하가 밝아진다.)

2) 주문: 일횡귀연재(一橫鬼延纔)
   (한 번 가로질러 귀신을 재로
   만든다.)

3) 주문: 양점(兩點)
   (두 점)

4) 주문: 일월명(日月明)
   (해와 달이 밝아진다.)

(3) 부담(符膽)의 구성 예시 - 3

1) 만장심정부담(萬丈深井符膽)

이 우물 모양의 부담은 한 곳이 열려 있는데 만약 네 곳 모두 닫혀 있으면, 인생의 길을 끊어놓은 것 같아, 음덕(陰德)에서 크게 손해보는 것을 일절 면할 수 없다.

2) 이십팔숙군병부담(二十八宿軍兵符膽)

즉 이십팔숙(二十八宿·角, 亢, 氐, 房, 心, 尾, 箕, 斗, 牛, 女, 虛, 危, 室, 壁, 奎, 婁, 胃, 昴, 畢, 觜, 參, 井, 鬼. 柳, 星, 張, 翼, 軫의 28개 성신)의 신명(神明)을 지키는 것을 뜻한다.

3) 화합부담(化合符膽)

두 신선이 화합하여 자물쇠를 지킬 것을 청함

4) 오행부담(五行符膽)

오행의 신령(神靈)이 자물쇠를 지킬 것을 청함

5) 칠성부담(七星符膽)

칠성성군(七星星君)을 불러와 자물쇠를 지키고, 살을 제압할 것을 청함

5. 부각(符脚)의 구성 예시

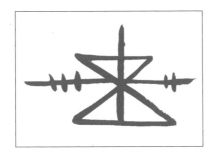

부각(符脚)은 부담(符膽)을 결속(結束: 끝내는 것)하는데 쓰인다. 대부분의 부적에 있으며, 부적의 행동력을 나타낸다.

1) 개천문(開天門 · 하늘을 여는 문)

2) 폐지호(閉地戶 · 땅을 닫는 문)

3) 유인문(留人門 · 사람의 마음이 머무르는 문)

4) 색귀로(塞鬼路 · 귀신을 막는 길)

5) 천귀심(穿鬼心 · 귀신의 마음을 꿰뚫음)

6) 파귀두(破鬼肚 · 귀신의 배를 깨뜨림)

7) 금목수(金木水)

8) 화토(火土)

6. 주문을 읊어 사용하는 부각(符脚)의 예

다음의 부각(符脚)은 모두 주문을 읊어 사용하는 것이다.

(天圓地方, 日月紅光, 何神敢見, 何鬼敢當, 靈符在內, 諸殺滅亡, 人病消除, 保命安康, 乾亨利貞, 九天玄女, 太上老君, 神兵火急如律令)
(천원지방, 일월홍광, 하신감견, 하귀감당, 영부재내, 제살멸망, 인병소제, 보명안강, 건형리정, 구천현녀, 태상노군, 신병화급여율령)

하늘은 둥글고 땅은 넓으며, 해와 달이 붉게 빛나니, 어느 신이 감히 볼 수 있으며, 어느 귀신이 감히 당하랴, 영험한 부적이 안에 있으니, 각종 살이 없어지고, 사람의 병을 제거하고, 목숨을 보호하고 건강하게 하며, 하늘이 형통하고 이익을 도모하니, 구천현녀와 태상노군은 명을 받들어, 신병은 급히 법령(法令)을 시행하라.

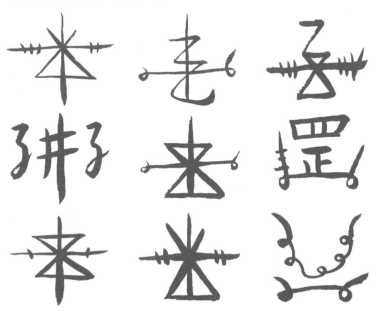

7. 일반 상용 부각(符脚)과 부담(符膽)의 예

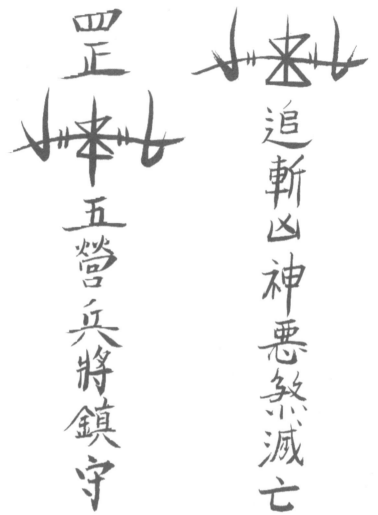

　＊ 신병(神兵)으로 사악함과 악살(惡煞)을 제압하는 부적(符籍) 예이다.

　＊ 부각(符脚) 아래의 '추참흉신악살멸망(追斬凶神惡煞滅亡)' 등의 부담(符膽) 글자는 그 용도를 보아 바꾼 것이다.

金

火土木水

印馬鎮令

守兵

* 다음의 부각(符脚)을 쓸 때 반드시 '온강마조사대원수진수(溫康馬趙四大元帥鎭守)'라고 주문을 읊음으로써 더욱 영험하게 한다.

* 다음의 '정(井)'자 모양의 부담(符膽)은 곧 매우 깊은 심연 속에 빠져있음을 나타낸다. 즉 흉신(凶神)과 악살(惡煞)을 지하 깊이 있는 금정(金井)에 쳐 넣어, 영원히 재생하지 못하도록 한다는 뜻이 있다.

* 다음은 신병(神兵)을 발동(發動)시킬 때 쓰는 결투용 부각(符脚)이다.

* 다음은 신병(神兵)을 거둬들일 때 쓰는 결투용 부각(符脚)이다.

* 다음은 화합을 위한 부적에 쓰는 부담(符膽)이다.

* 다음은 칠성부각(七星符脚)이다.

* 다음은 칠불담(七佛膽)이다. 이 부담(符膽)을 쓸 때는 반드시 일곱의 보살(菩薩) 이름을 아래와 같이 읊어야 한다.

(多寶如來佛, 寶勝如來佛, 妙色身如來佛, 廣博身如來佛, 彌布威如來佛, 甘露王如來佛, 阿彌陀如來佛)
(다보여래불, 보승여래불, 묘색신여래불, 광박신여래불, 미포위여래불, 감로왕여래불, 아미타여래불)

8. 부적의 구조 예시

부적(符籍)과 주문을 간단하게 말하면 도형(圖形)과 비자(秘字)의 조합체라 할 수 있다.

일반적으로 한 장의 부적은 다음의 3가지 요소를 포함한다.

1. 도형(圖形) : 팔괘(八卦), 일월성신도(日月星辰圖)
2. 교신명(宗敎神名) : 태상노군, 구천현녀
3. 비자(秘字) : 칙령(勅令), 뇌령(雷令)등의 글자.

* 이 부적은 신(神)을 청하여, 병(兵)을 움직이고, 장군(將軍)을 파견하는 것이다. 이런 부적에는 꼭 '칙령(勅令)' 두 글자를 쓴 후에, 그 아래 머리에는 '강(罡)'으로 덮게 된다.

1) '칙령(勅令)'은 비자(秘字)로서, 신을 청하고(請神), 병사를 움직이고(調兵), 장군을 파견하는 경우(遺將)에는 반드시 이 비자(秘字)를 쓴다.

2) 세 개의 갈고리(v) 표시는 삼계공(三界公)을 나타낸다. 성황(城隍), 토지(土地), 조사(祖師)를 대표적으로 상징하는 부호이다.

3) '강(罡)'은 즉 천강(天罡)을 가리킨다. 북두(北斗)의 첫 번째 별이며, 무장(武將)의 우두머리이다. 고로 병사를 움직일 때(調兵)는 '강(罡)'을 덮게 된다.

1) '칙령(勅令)'은 비자(秘字)이다.
2) 세 개의 갈고리 부호는 삼계공(三界公)을 상징하는 기호이다.
3) 신장(神將)을 부르는 부호이다.
4) '강(罡)'은 즉 강인(罡印)으로, 북두성이 머무는 곳이다. 강인(罡印)을 덮는다는 것은 곧 이 부적의 효력이 발생함을 나타낸다.

1) 이 부적은 아이가 밤에 울음을 그치지 않을 때 쓰는 것이다.
2) 세 개의 갈고리 모양 기호는 삼청(三淸)이다. 즉 태상노군, 원시천존, 통천교주를 나타낸다.
3) '갑인(甲寅)'은 육갑천장(六甲天將)의 하나이다.
4) '강(罡)'은 즉 강인(罡印)이다.

* 이 부적은 요사함을 불러들이고, 악살을 없애는 부적이다.
1) 조사교령(祖師敎令)의 부호(符號)를 나타낸다.
2) 이 도형은 봉양부(鳳陽府)의 오호장군(五虎將軍)을 대표하는데, 호야(虎爺)라 하기도 한다. 사악한 귀신을 전문적으로 잡아먹는데, 천하에 피할 귀신이 없다고 한다.
3) 성신(星辰)을 나타내는 기호이다. 북두칠성(北斗七星)이 쓰였다.
4) 부복내(符腹內)이다. 즉 부적의 용도를 나타낸 것이다.

* 이 부적은 요사함을 없애는 부적이다.
1) 세 개의 갈고리는 삼청기호 (三淸記號)를 대표한다.
2) 비자(秘字)에는 속히 이뤄지도록 명령하는 뜻이 담겨 있다.
3) 사람 모양의 도형(圖形)으로 귀신의 왕(王)을 대표하는데, 악귀(惡鬼)를 전문적으로 잡아먹는다.
4) 부복내(符腹內)이다. 여기에 이 부적의 작용을 써넣게 된다.
5) 부각(符脚)과 부담(符膽)으로, 몇몇 비자(秘字)들의 조합으로 구성되어 있다. 부적에서 상당한 지위를 차지하고 있는데, 만약 한 장의 부적 부담(符膽)이 없다면 마치 방에 자물쇠가 없는 것처럼 나쁜 살귀(煞鬼)가 마음대로 드나들 수 있게 된다.

72

* 이 부적은 온역(瘟疫)
과 같은 전염병을 치료
하는데 쓰는 부적이다.
부적을 태워 넣은 물로
몸을 씻어 사용한다.

1) 삼청기호(三淸記號)이
   다.
2) 이 부적의 신명(神明)
   을 나타낸 것이다. 천
   의진인(天醫眞人)이 신
   명(神明)인데, 천의성
   (天醫星)이라고도 한다.
   이 신명으로 병을 치료
   하는데 쓰게 된다.
3) 부복내(符腹內)이다.
   이 부적의 작용을 이
   속에 써넣게 된다.
4) 부담(符膽)이다. 강인
   (罡印)이다.

제2장 부적 작성 시 의식

　하나의 부적을 쓸 때에는, 먼저 사용자의 생기(生氣), 복덕(福德), 천의(天宜) 일(日)을 선택하여 써야 한다. 그런데 또 다른 한 가지 중요한 일이 있으니 곧 '변신(變神)'이다. 전통에 따르면, 변신(變神)이란 곧 '신명(神明)을 받아들여 나와 합하는 것'이다.

　부적(符籍)의 역량은 곧 변신(變身)에 있다. 곧 하나의 완성된 의식이 깊은 수준의 최면에 도달하며, 그로부터 인체 깊이 숨겨져 있는 초능력(超能力)을 이끌어 내는 것이다.

　이 장에서는 각 부적의 종류 별로, 쓰는 과정에서 취해야 할 의식 상태(念)에 대해 다루고 있다. 각 부적에는 그에 맞는 의식 상태(念)가 있어, 이를 따를 경우 더욱 높은 수준의 효력이 나타나게 된다.

(1) 복과 재물을 부르는 부적

* 마음 속으로 재물이 오기를 바라며, 반드시 깊게 숨을 들이마시고, 단전 안에 있는 기(氣)를 끌어낸다.
* 붉은 종이에 검은 글자를 쓴다. 매월 음력 초이틀 혹은 십육일에 금고나 지갑에 이 부적을 붙인다.(황지에 붉은 글씨도 가능하다.)

1. 삼청주문을 읽는다.

2. 공경한 마음을 가진다.

3. 위엄을 느끼도록 한다.

4. 신의 존재를 상상한다.

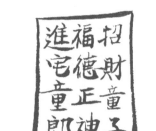

5. 신명(神明)과 합일(合一)
   하는 것을 상상한다.

7. 재물을 속히 불러오게 하
   는 부분

6. 사방에서 재물을 부른다.

(2) 살기를 막는 부적

* 부적을 쓰기 전 부적의 형태를
  머리 속에 그린다.
* 금빛이 크게 빛나는 것을 상상
  한다.

1. 삼청주문을 읊는다.

2. 공경한 마음을 가진다.

3. 위엄을 느끼도록 한다.

4. 신명(神明)과 합일(合一) 하는 것을 상상한다.

5. 위엄을 느끼도록 한다.

6. 금빛이 빛나는 것을 상상 한다.

7. 신의 인(印)

8. 살기(殺氣)가 있는 부분

(3) 악몽을 꿀 때 길몽을 꾸도록 하는 부적 - 1

* 이 부적을 쓸 때는 잠자기 전에 빛의 고리를 음미하도록 한다.
* 의식을 눈썹사이에 집중하면 빛의 고리를 볼 수 있다.

1. 삼청주문을 읊는다.

2. 공경한 마음을 가진다.

3. 신명(神明)과 합일(合一) 하는 것을 상상한다.

4. 크게 위엄을 느끼도록 한다.

5. 살기(殺氣)가 있는 부분

(4) 악몽을 꿀 때 길몽을 꾸도록 하는 부적 - 2

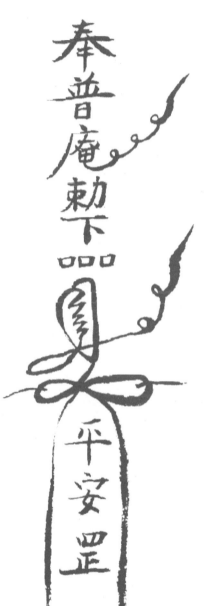

* 매일 신유(申酉)시로 바뀔 무렵 석양을 바라보며 의식을 집중한다.
* 잠자기 전 보았던 석양의 정경을 되새긴다.

제 ❷ 장 부적 작성 시 의식

1. 공경한 마음을 가진다.   2. 위엄을 느끼도록 한다.

3. 신명(神明)과 합일(合一) 　4. 금빛이 몸을 덮는 것을
　 하는 것을 상상한다.　　　　 상상한다.

5. 공경한 마음을 가진다.

(5) 동토가 났을 때 쓰는 부적

* 크게 위엄이 있는 부분을 쓸 때는 몸의 기운을 반드시 긴장을 시키도록 한다.
* 살기가 있는 부분을 쓸 때는 전신의 기운을 부적에 집중한다.

1. 삼청주문을 읊는다.

2. 크게 위엄을 느끼도록 한다.

3. 신명(神明)과 합일(合一)
   하는 것을 상상한다.

4. 금빛이 몸을 감싸면서
   빛이 나는 것을 상상한다.

5. 위엄을 느끼도록 한다.

6. 살기(殺氣)가 있는 부분

(6) 집 터를 편안하게 하는 부적

* 사악함을 몰아내는 부적을 쓸 때는 금빛이 밖으로 뿌려지는 것을 상상한다. 하지만 평안한 부적을 쓸 때에는 금빛이 온 몸을 감싸는 것을 상상한다.

1. 삼청주문을 읊는다.

2. 크게 위엄을 느끼도록 한다.

3. 신명(神明)과 합일(合一)
하는 것을 상상한다.

4. 금빛이 몸을 감싸면서 빛이
나는 것을 상상한다.

5. 공경한 마음을 가진다.

6. 위엄을 느끼도록 한다.

(7) 충살을 막는 부적

* 부담(符膽), 부각(符脚)이 살기를 띄어야 살(煞)을 제거하고 귀신(鬼神)을 누를 수 있다.

1. 삼청주문을 읊는다.

2. 공경한 마음을 가진다.

3. 신명(神明)과 합일(合一)
   하는 것을 상상한다.

4. 금빛이 몸을 감싸면서
   빛이 나는 것을 상상한다.

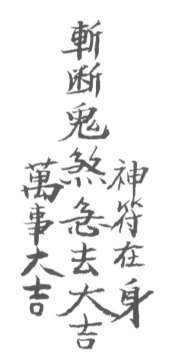

5. 살기(殺氣)가 있는 부분

제3장 각종 부적의 격식 해설

1. 사악함을 쫓는 부적 - 1

* 이 부적의 작용은 사악함을 쫓고 살을 제압하는 것이다. 이 부적의 격식 중에서 윗부분은 신명(神明)의 부호로 되어 있고, 가운데에는 '압살(押煞)'의 두 글자가 있다. 그 아래에는 '우(吽)'자가 있다. 아랫부분은 '주작(朱雀)'을 표시하는 것으로써 부각(符脚)에 해당한다.

* 주(註) : '우(吽)'자는 출생(出生), 옹호(擁護), 제재(除災), 항복(降伏)의 표현이다. 우(吽)자는 자체적인 도리를 갖고 있으며, 그 도리라 함은 곧 보제심(菩提心·불도佛道를 구하는 마음)을 일컫는다. 곧 부처님의 마음을 나타내는 것으로, 묘하기가 이를 데 없는 까닭에 밀주(密呪)와 부적(符籍)의 형식에 많이 쓰인다.

사악함을 쫓는 부적 - 2

* 이 부적의 세 점은 삼청(三淸)
  부호를 대표하고, 그 아래에
  초서(草書)로 '향(香)'자가 있
  으며, 아랫부분은 '압살(押
  煞)' 두 자로 되어 있다.

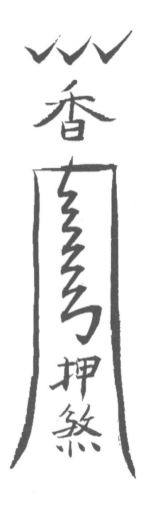

2. 물을 정화할 때 쓰는 부적 - 1

* 부적 머리의 세 점은 삼청(三
  淸) 부호를 대표한다. 그 아래
  에는 초서(草書)로 '향(香)'자
  가 있고, 아래 부분은 '청정(淸
  淨)' 두 자로 되어 있다.

물을 정화할 때 쓰는 부적 - 2

* 이 부적은 단지 '향청정(香淸淨)' 이란 세 자로 되어 있다.

3. 살을 제압하는 부적

* 이 부적 머리의 세 점은 삼청 (三淸) 부호를 대표한다. 가 운데는 '칙령압살(勅令押煞)' 로 되어있고, 아랫부분은 부 각(符脚)이 그려져 있다. 이 처럼 공상에 근거하여 쓰는 부적을 암부(暗符)라고 불리 는데, 일반적인 부적과는 형 식이나 쓰임새가 다르다.

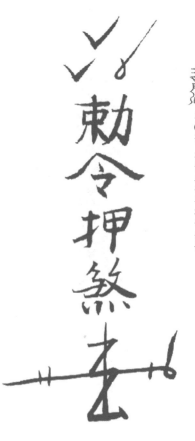

4. 사당을 청결히 하는 부적

이 부적은 쓰는 방법이 좀 복잡하므로 주의를 해야 한다. 이 부적은 여러 청정부(淸淨符)의 격식 중에서 비교적 중요한 것으로, 가운데 객실의 문 위나 처마에 붙여 쓰므로 '안청두부(安廳斗符)'라고 불리기도 한다.

이 부적의 격식을 보면 윗 부분은 초서(草書)로 '향(香)'을 쓰고, 가운데에 삼청(三淸)을 대표하는 부호가 쓰여 있는데 다른 부적과는 형태가 다르게 되어 있다. 그 아래는 '신(神)'자 하나로 되어 있고, 아래 부분은 주작(朱雀)을 표시한다.

황지(黃紙)에 주사(硃砂) 혹은 먹물로 그려서 사당(祠堂)의 문 위에 붙인다. 사당(祠堂)을 청결하게 하는 것은 신을 정성으로 받드는 것이 되므로, 신명(神明)의 보호를 더욱 많이 받는 효과가 생긴다.

5. 보신부(保身符)

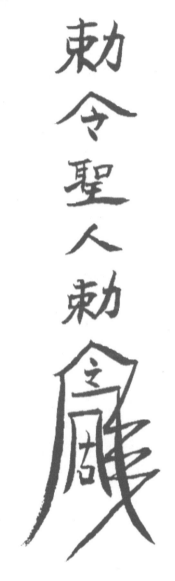

이 부적은 몸에 지녀 사용한다. 이 부적이 기타 여러 부적과
다른 점은 단을 차려 의식이 시작되기 전에 바로 써서 사용하

는데, 동시에 보신주(保身呪)를 외워야 한다. 주문은 아래와
같다.

> (拜請天分分, 地分分, 拜請三請李老君, 身騎青午出天門, 手接柳
> 枝分世界, 斬斷凡間不正神, 收斬凶神不近神, 天淸淸, 地靈靈,
> 吾奉太上老君勅, 神兵火急如律令)
> (배청천분분, 지분분, 배청삼청이노군, 신기청오출천문, 수접류
> 지분세계, 참단범간부정신, 수참흉신불근신, 천청청, 지영영,
> 오봉태상노군칙, 신병화급여율령)

이 부적 격식을 보면 윗 부분은 '칙령성인칙령(勅令聖人勅
令)'의 글자 모양이 있는데, 칙령과 칙령 사이에 성인(聖人)
이란 글자가 있다. 이는 곧 이노군(李老君)의 부령(符令)을 말
한다.

그러므로 이 부적은 함부로 다루지 않으며, 도구를 쓸 때에
도 기타 여러 부적과는 차별화시킨다. 의식이 끝나면, 이 부
적 하나를 환자의 몸에 지니도록 하여, 오랫동안 평안을 보존
하게 한다. 얼마 되지 않아 병이 자연히 곪아터져 낫게 된다.

지니는 방법을 보면 환자의 집안사람들이 각자 부적을 팔
괘(八卦) 모양으로 작게 접어 붉은 헝겊 주머니에 넣은 후, 붉
은 실로 꿰어 목에 걸고 다닌다. 혹은 지갑에 넣고 다닌다.
팔괘(八卦)의 형태로 접을 줄 모르면, 아무렇게나 네모나게
접어도 무방하다.

6. 수혼부(收魂符)

이 부적은 '제칠성등수두혼법(祭七星燈收斗魂法)' 때에 사용하는 것이다.

이 부적 윗 부분의 세 점은 삼청(三淸)을 표시한다.

가운데와 아랫부분은 '봉칙령수구천현녀수혼미우(奉勅令收九天玄女收魂米吽)' 등의 글자로 되어 있으며, '天' 자의 형태가 부복내(符腹內)에 들어 있다.

아래로 각기 9개의 작은 동그라미를 길게 그리는데 이 것으로 구천(九天)의 수(數)를 나타낸다.

아랫부분은 주작(朱雀)이 표시되어 있다. 이 구천현녀(九天玄女)의 부령(符令)은 법사가 일을 처리하는 중, 혼령을 보호하는데 쓰인다. 유파에 따라서는 여러 형태의 부령(符令)을 쓰기도 한다.

7. 수두혼부(收斗魂符)

이 부적은 '안두부(安斗符)'라고도 하는데, 간단히 '두부(斗符)'라 하기도 한다.

부적 머리 아래 부분은 삼청(三淸)을 표시하고 있다. 가운데 부분은 '장천수혼(張天收魂)'의 네 글자가 있으며, '장천(張天)'이라 함은 곧 장천사(張天師)를 일컫는데, 이로 인해 '천사부(天師符)'라 불리기도 한다.

아래는 '두(斗)' 한 글자로 되어 있고, 동시에 7개의 작은 동그라미로 에워싸여 있다. 이 동그라미가 '두(斗)'에 머무는 것으로 7개의 혼이 '두(斗)'를 감싼다는 의미가 있다.

8. 사대원수부(四大元帥符)

사대원수부(四大元帥符)는 즉 온(溫), 강(康), 마(馬), 조(趙) 등 사대원수(四大元帥)의 부령(符令)이다. 한 장의 부적에 한 신(神)으로 되어 있는데, 네 개의 부적이 한 틀로 되어 있으며, 각기 나누어 방문에 붙인다.

한 문에 하나씩 붙이게 되는데, 방이 많은 집에서는 당연히 비교적 많이 붙이게 되지만, 많고 적음은 별 문제가 되지 않는다.

사대원수(四大元帥)는 본래 영소보전(靈霄寶殿)을 지키는 신이다. 지금 민간에서 초제를 지낼 때, 참대와 종이로 그 모양을 붙여서 도장(道場)을 지켜주게 한다. 이 때문에 집을 짓거나 할 때에도 쓰인다. 네 개의 부적 형식은 모두 같다.

윗 부분은 '봉(奉)'한 자이고, 가운데는 삼청(三淸)을 표시하였다. 그 아래에 각 해당 신의 성씨(姓氏)를 적어 놓았을 뿐이다.

예를 들면, 온원수(溫元帥)의 경우, '온(溫)'자를 쓴다. 아래에는 '원수압살(元帥押煞)' 네 자를 쓰는데, 겹쳐서 쓴다. 이렇게 써서, 비교적 복잡한 형식의 부각(符脚)을 이룬다. 이는 사실 민간 신앙 상 부적을 쓰는 수법에 지나지 않을 따름이다.

1) 溫元帥押煞符　　2) 馬元帥押煞符

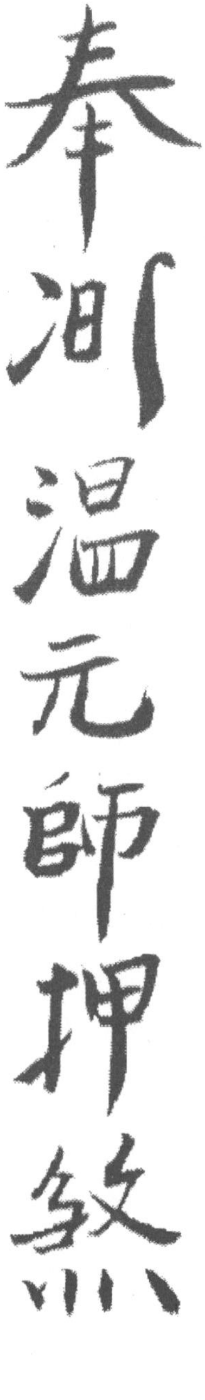

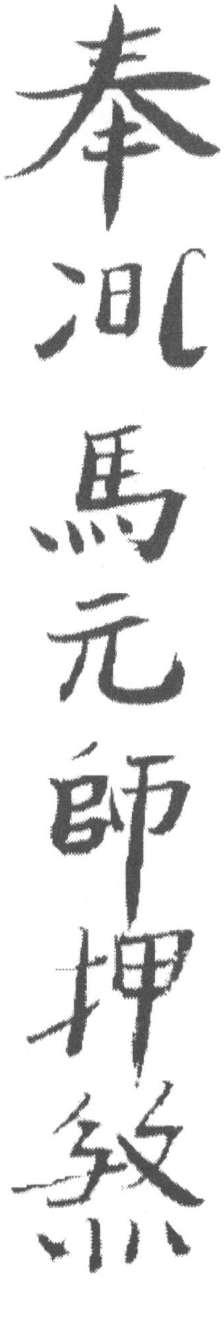

奉
泖
溫
元
師
押
煞

奉
泖
馬
元
師
押
煞

3) 趙元帥押煞符　　4) 元帥押煞符

奉
冰C
趙
元
師
押
煞

奉
冰C
康
元
師
押
煞

9. 집안을 안정시키는 주문

(木郎木郎一去何方, 作者自受, 爲者自當, 吾奉太上老君急急如
律令勅)
(목랑목랑일거하방, 작자자수, 위자자당, 오봉태상노군급급여
율령칙)

 * 일반적으로 새로운 거주지에 정착하거나, 또는 집안이
   불안정할 때, 버드나무 가지로 깨끗한 물을 집 주변에
   한 번씩 뿌리는데, 뿌리는 동안 '압마주(壓魔呪)'를 읊
   으면, 집 안의 평안함을 보호할 수 있다.

10. 태아의 안전을 위한 주문

(安胎三師三童子, 安胎仙人童子郎, 一甲二甲三甲四甲五甲
六甲安胎母子平安, 甲子, 甲戌, 甲申, 甲午, 甲辰, 甲寅天
無忌, 地無忌, 年無忌, 月無忌, 日無忌, 時無忌, 六甲安胎
無禁忌, 四時大吉, 萬事大利, 吾奉太上老君勅神兵火急如
律令)

(안태삼사삼동자, 안태선인동자랑, 일갑이갑삼갑사갑오갑
육갑안태모자평안, 갑자, 갑술, 갑신, 갑오, 갑진, 갑인천
무기, 지무기, 연무기, 월무기, 일무기, 시무기, 육갑안태
무금기, 사시대길, 만사대리, 오봉태상노군칙신병화급여
율령)

11. 음기와 귀기를 제압하는 주문

밤 중에 길을 갈 때 음기(陰氣)가 사람을 억누르는 느낌을 받게 될 때, 주문을 한 번 외우면 그 어떤 대단한 귀신, 괴물들도 모두 제압할 수 있다.

집에서 앉아 있을 때도 음기(陰氣)가 나를 제압하거나, 갑작스럽게 놀라는 일이 있을 때 이 주문을 읽으면 효과가 좋다. 이 주문을 읊을 때는 두 손을 합장하여 가슴 앞에 댄다.

(天呼神地叫神, 吾乃不是人, 吾乃九天玄女, 速見不是人, 奉勅日月令, 急急如律令化, 拜請萬師兵將, 吾方呼兄弟, 請再請, 三十六觀將, 七十二地軍, 請又請, 七煞八拜請雲母開雲路來, 拜請列立衆兵將上雲來, 龍車坐坐兵馬到, 左營兵馬到, 右營兵馬到, 左手執金鎗, 右手執火輪, 脚踏雲馬步步來, 來到聽吾法力, 使我通行, 受吾符令, 急急去, 勅速去, 吾奉萬師勅令.)

(천호신지규신, 오내불시인, 오내구천현녀, 속견불시인, 봉칙일월령, 급급여율령화, 배청만사병장, 오방호형제, 청재청, 삼십육관장, 칠십이지군, 청우청, 칠살팔배청운모개운로래, 배청열립중병장상운래, 용차좌좌병마도, 좌영병마도, 우영병마도, 좌수집금쟁, 우수집화륜, 각답운마보보래, 내도청오법력, 사아통행, 수오부령, 급급거, 칙속거, 오봉만사칙령.)

12. 죽은 사람에게 빌어 돈을 버는 방법

발음인재법(發陰人財法)이라고도 한다.

어떤 사람은 날마다 치부하려고 생각하나 쉽게 돈이 벌리지가 않고, 선천적인 운명만 탓하곤 한다. 어떤 일을 하게 되든 순조롭지가 않고 장사를 하게 되면 밑천까지 밀어 넣기도 한다. 그런 사람을 위한 방법이다.

만약 가난한 집에서 사람이 죽었는데, 돈이 부족하여 안장을 하지 못해 화장하려 한다면, 큰 자비심을 베풀어 관 하나를(상대 집안의 동의를 거쳐) 보내도록 한다. 그런 후 그 묘 앞에 향을 피우고 절을 한다.

입으로 '○○형 저를 보우(保佑)하여 만사가 발달하게 해주기를 바라나이다.'라고 읊는다.

다시 명지(冥紙·은지)를 태워 그에게 드린다. 49일 이후(연속해서 49일을 절하는 것이 아니다.) 점차 하는 일이 뜻대로 되고, 후에 꼭 융성하여 발달하는데, 버는 돈도 수억에 달할 것이다.

13. 행방이 묘연한 사람을 불러들이는 비술

1) 흰 종이로 세 마리의 청개구리를 접고, 다시 노란 종이로 네 마리의 청개구리를 접어 매일 저녁 11시부터 새벽 1시 사이에 법술을 시행한다.

작은 책상 하나, 세 대의 향, 향로, 세 컵의 냉수, 사탕 과 과일을 약간 준비해 놓는다. 또 작은 참대(竹竿) 하나, 쌀 한 줌, 흰 천 한 조각을 준비한 후, 천으로 쌀을 잘 싸서 참대가지에 동여맨다.

그런 다음 신을 청하는 주문을 읊는다.

'배청제천공중과왕신기(拜請諸天公衆過往神祇 · 여러 공중을 거니시는 천신과 지신에게 비나이다.) 弟子 ○○은 오늘 밤 여러 신들께 아뢰오니, 바라옵건대 여러 천신(天神)과 지신(地神)께서 왕림하셔서 제가 법술 쓰는 것을 도와주십시오.
종이 개구리 하나를 파견하여 ○○라는 사람을 돌아오게 하소서, ○○로 하여금 돈을 알게 하소서. 오늘 어느 곳으로 달아났는지 모르오니, 여러 신들께서 속히 삼혼칠백(三魂七魄)을 파견하여 돌아오게 하소서.'

무릇 신들에게 하는 말을 모두 주문(呪文)이라고 한다.
주문을 다 읊은 다음 다시 청개구리 하나를 내 놓고, 그 등에 찾는 사람의 성명, 연령, 이전 주소(그 사람이 지금 어디에 숨어있는지 모르기 때문이다.)를 쓴 후 바늘 하나를 개구리 등에 꽂아 넣는다.

그런 다음 그 개구리를 집 안의 다른 사람이 보지 않는 곳에 바르게 놓고(등이 위를 향하게), 다시 돌아와 참대 가지(쌀 주머니를 매단 것)를 들어 가볍게 흔들며 주문을 읊는다.

'○○라는 사람의 삼혼칠백(三魂七魄)은 빨리 오너라.
○○라는 사람은 빨리 오너라.'

이 때 부르는 횟수는 제한이 없다. 그런 후에 참대를 놓고 합장한 후 세 번 절한다. 약간의 종이돈을 가져와 마당이나 집 안의 적당한 곳에서 태운다.
이렇게 7일을 계속하는데, 첫 날은 흰 개구리, 다음 날은 노란 개구리, 셋째 날은 흰 개구리를 태운다. 이렇게 바꾸어 가면서 태우는데, 법술을 시행할 때는 정신을 가다듬어야 한다. 그 사람이 돌아온 후에는 개구리에 꽂은 바늘은 뽑아버리고, 개구리는 흐르는 물에 띄워 보낸다.

2) 누군가 가버리거나 행방이 묘연할 때 쓰는 방법이다.

당사자의 옷으로 자석을 싸고, 참대 가지에 끈 하나를 동여매어 옛 우물 속에 물이 닿지 않도록 하여 3일에서 5일간 넣는다. 그러면 그 사람은 저절로 돌아오게 된다. 단 걸을 수 없는 어린아이는 제외한다.

14. 수명을 늘리는 비술

이 방법은 아주 간단하면서도 효과가 좋다.

매일 아침 세수하고, 이를 닦은 후 방 안에서 서쪽으로 얼굴을 향하면서 주문을 읊는다.

(南無大聖佛母準提王菩薩)
(나무대성불모준제왕보살)

연속하여 10번을 읊는다. 읊을 때 제일 중요한 점은 준제(準提)라는 보살왕(菩薩王)이 이미 금빛을 뿌리며 내려왔다고 상상하는 것이다.

매일 저녁 잠자기 전에도 꼭 10번을 읊어야 한다. 절대로 성의없이 읊어서는 안 된다.

그런 후 매달 음력 초하루와 보름, 두 날마다 그 동안 번 돈을 가지고 시장에 가서 작은 조개(蛤蜊)를 사는데, 큰 것이 아니라 아주 작은 것이어야 한다. 그 것을 물에 놓아주는데, 공장의 오염된 물이 아니라, 하천 같은 곳이어야 한다.

놓아줄 때 속으로 자신이 아주 자비롭다고 생각하여야 하며, 동시에 보살(菩薩)도 그 곳에 와 있다고 상상해야 한다.

연속으로 계속하여 1년을 행하면 수명이 10年 증가할 수 있고, 끊임없이 계속하여 2년에서 3년 더 한다면 수명이 10년 더 증가할 수 있다. 이 방법은 티베트의 '밀종잡기(密宗雜記)'에 기재되어 있다.

3편

목적 별 부적의 활용

제1장 다른 부적에 첨가하여 쓰는 부적

1. 태세천간부(太歲天干符)

(1) 갑년(甲年)생 부적

갑년(甲年)에 태어난 사람이 이 부적을 목적하는 부적과 같이 쓸 경우 소원 성취에 더욱 이로움이 있다.

(2) 을년(乙年)생 부적

을년(乙年)에 태어난 사람이 이 부적을 목적하는 부적과 같이 쓸 경우 소원 성취에 더욱 이로움이 있다.

(3) 병년(丙年)생 부적

병년(丙年)에 태어난 사
람이 이 부적을 목적하는
부적과 같이 쓸 경우 소
원 성취에 더욱 이로움이
있다.

(4) 정년(丁年)생 부적

정년(丁年)에 태어난 사
람이 이 부적을 목적하는
부적과 같이 쓸 경우 소
원 성취에 더욱 이로움이
있다.

(5) 무년(戊年)생 부적

무년(戊年)에 태어난 사람이 이 부적을 목적하는 부적과 같이 쓸 경우 소원 성취에 더욱 이로움이 있다.

(6) 기년(己年)생 부적

기년(己年)에 태어난 사람이 이 부적을 목적하는 부적과 같이 쓸 경우 소원 성취에 더욱 이로움이 있다.

(7) 경년(庚年)생 부적

경년(庚年)에 태어난 사람이 이 부적을 목적하는 부적과 같이 쓸 경우 소원 성취에 더욱 이로움이 있다.

(8) 신년(辛年)생 부적

신년(辛年)에 태어난 사람이 이 부적을 목적하는 부적과 같이 쓸 경우 소원 성취에 더욱 이로움이 있다.

(9) 임년(壬年)생 부적

임년(壬年)에 태어난 사람이 이 부적을 목적하는 부적과 같이 쓸 경우 소원 성취에 더욱 이로움이 있다.

(10) 계년(癸年)생 부적

계년(癸年)에 태어난 사람이 이 부적을 목적하는 부적과 같이 쓸 경우 소원 성취에 더욱 이로움이 있다.

2. 태세지지부(太歲地支符)

(1) 자년(子年)생 부적

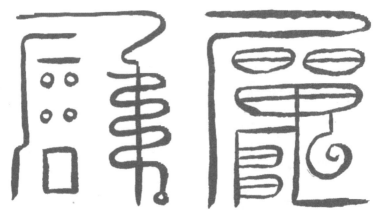

자년(子年)에 태어난 사람이 위의 두 부적을 목적하는 부적과 같이 쓸 경우 소원 성취에 더욱 이로움이 있다.

(2) 축년(丑年)생 부적

축년(丑年)에 태어난 사람이 위의 두 부적을 목적하는 부적과 같이 쓸 경우 소원 성취에 더욱 이로움이 있다.

(3) 인년(寅年)생 부적

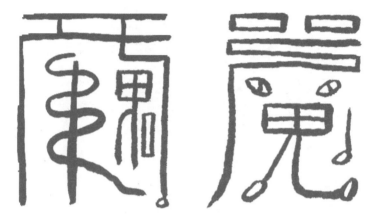

인년(寅年)에 태어난 사람이 위의 두 부적을 목적하는 부적
과 같이 쓸 경우 소원 성취에 더욱 이로움이 있다.

(4) 묘년(卯年)생 부적

묘년(卯年)에 태어난 사람이 위의 두 부적을 목적하는 부적
과 같이 쓸 경우 소원 성취에 더욱 이로움이 있다.

(5) 진년(辰年)생 부적

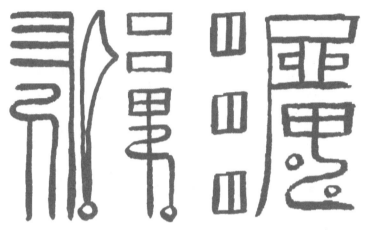

진년(辰年)에 태어난 사람이 위의 두 부적을 목적하는 부적과 같이 쓸 경우 소원 성취에 더욱 이로움이 있다.

(6) 사년(巳年)생 부적

사년(巳年)에 태어난 사람이 위의 두 부적을 목적하는 부적과 같이 쓸 경우 소원 성취에 더욱 이로움이 있다.

(7) 오년(午年)생 부적

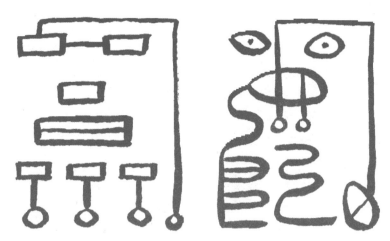

오년(午年)에 태어난 사람이 위의 두 부적을 목적하는 부적과 같이 쓸 경우 소원 성취에 더욱 이로움이 있다.

(8) 미년(未年)생 부적

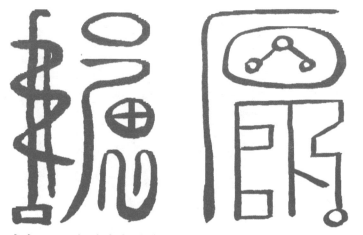

미년(未年)에 태어난 사람이 위의 두 부적을 목적하는 부적과 같이 쓸 경우 소원 성취에 더욱 이로움이 있다.

(9) 신년(申年)생 부적

　신년(申年)에 태어난 사람이 위의 두 부적을 목적하는 부적
과 같이 쓸 경우 소원 성취에 더욱 이로움이 있다.

(10) 유년(酉年)생 부적

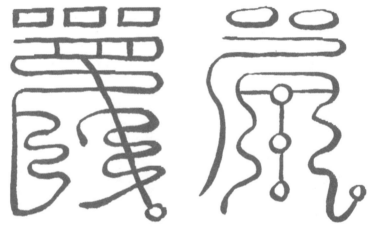

　유년(酉年)에 태어난 사람이 위의 두 부적을 목적하는 부적
과 같이 쓸 경우 소원 성취에 더욱 이로움이 있다.

(11) 술년(戌年)생 부적

술년(戌年)에 태어난 사람이 위의 두 부적을 목적하는 부적과 같이 쓸 경우 소원 성취에 더욱 이로움이 있다.

(12) 해년(亥年)생 부적

해년(亥年)에 태어난 사람이 위의 두 부적을 목적하는 부적과 같이 쓸 경우 소원 성취에 더욱 이로움이 있다.

3. 출생월부(出生月符)

(1) 1월생 부적

1월에 태어난 사람이 이 부적을 목적하는 부적과 같이 쓸 경우 소원 성취에 더욱 이로움이 있다.

(2) 2월생 부적

2월에 태어난 사람이 이 부적을 목적하는 부적과 같이 쓸 경우 소원 성취에 더욱 이로움이 있다.

(3) 3월생 부적

3월에 태어난 사람이 이 부적을 목적하는 부적과 같이 쓸 경우 소원 성취에 더욱 이로움이 있다.

(4) 4월생 부적

4월에 태어난 사람이 이 부적을 목적하는 부적과 같이 쓸 경우 소원 성취에 더욱 이로움이 있다.

(5) 5월생 부적

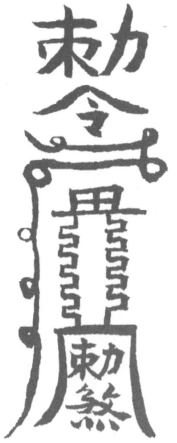

5월에 태어난 사람이 이 부적을 목적하는 부적과 같이 쓸 경우 소원 성취에 더욱 이로움이 있다.

(6) 6월생 부적

6월에 태어난 사람이 이 부적을 목적하는 부적과 같이 쓸 경우 소원 성취에 더욱 이로움이 있다.

(7) 7월생 부적

7월에 태어난 사람이 이 부적을 목적하는 부적과 같이 쓸 경우 소원 성취에 더욱 이로움이 있다.

(8) 8월생 부적

8월에 태어난 사람이 이 부적을 목적하는 부적과 같이 쓸 경우 소원 성취에 더욱 이로움이 있다.

(9) 9월생 부적

9월에 태어난 사람이 이 부적을 목적하는 부적과 같이 쓸 경우 소원 성취에 더욱 이로움이 있다.

(10) 10월생 부적

10월에 태어난 사람이 이 부적을 목적하는 부적과 같이 쓸 경우 소원 성취에 더욱 이로움이 있다.

(11) 11월생 부적

11월에 태어난 사람이 이 부적을 목적하는 부적과 같이 쓸 경우 소원 성취에 더욱 이로움이 있다.

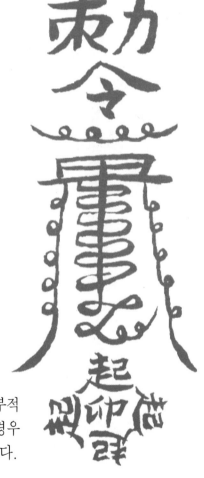

(12) 12월생 부적

12월에 태어난 사람이 이 부적을 목적하는 부적과 같이 쓸 경우 소원 성취에 더욱 이로움이 있다.

4. 십이지부(十二支符)

(1) 子 日 부

자일(子日)에 주택의 개수·보수 및 혼례 등의 행사를 치르고자 할 때, 이 부적을 목적하는 부적과 같이 쓸 경우 소원 성취에 더욱 이로움이 있다.

(2) 丑 日 부

축일(丑日)에 주택의 개수·보수 및 혼례 등의 행사를 치르고자 할 때, 이 부적을 목적하는 부적과 같이 쓸 경우 소원 성취에 더욱 이로움이 있다.

126

(3) 寅 日 부

인일(寅日)에 주택의 개
수·보수 및 혼례 등의 행
사를 치르고자 할 때, 이
부적을 목적하는 부적과
같이 쓸 경우 소원 성취에
더욱 이로움이 있다.

(4) 卯 日 부

묘일(卯日)에 주택의 개
수·보수 및 혼례 등의 행사
를 치르고자 할 때, 이 부적
을 목적하는 부적과 같이 쓸
경우 소원 성취에 더욱 이로
움이 있다.

(5) 辰日부

진일(辰日)에 주택의 개수 · 보수 및 혼례 등의 행사를 치르고자 할 때, 이 부적을 목적하는 부적과 같이 쓸 경우 소원 성취에 더욱 이로움이 있다.

(6) 巳日부

사일(巳日)에 주택의 개수 · 보수 및 혼례 등의 행사를 치르고자 할 때, 이 부적을 목적하는 부적과 같이 쓸 경우 소원 성취에 더욱 이로움이 있다.

(7) 午日부

오일(午日)에 주택의 개
수·보수 및 혼례 등의 행사
를 치르고자 할 때, 이 부적
을 목적하는 부적과 같이 쓸
경우 소원 성취에 더욱 이로
움이 있다.

(8) 未日부

미일(未日)에 주택의 개
수·보수 및 혼례 등의 행
사를 치르고자 할 때, 이
부적을 목적하는 부적과
같이 쓸 경우 소원 성취에
더욱 이로움이 있다.

(9) 申日부

신일(申日)에 주택의 개수·보수 및 혼례 등의 행사를 치르고자 할 때, 이 부적을 목적하는 부적과 같이 쓸 경우 소원 성취에 더욱 이로움이 있다.

(10) 酉日부

유일(酉日)에 주택의 개수·보수 및 혼례 등의 행사를 치르고자 할 때, 이 부적을 목적하는 부적과 같이 쓸 경우 소원 성취에 더욱 이로움이 있다.

(11) 戌 日 부

술일(戌日)에 주택의 개수·보수 및 혼례 등의 행사를 치르고자 할 때, 이 부적을 목적하는 부적과 같이 쓸 경우 소원 성취에 더욱 이로움이 있다.

(12) 亥 日 부

해일(亥日)에 주택의 개수·보수 및 혼례 등의 행사를 치르고자 할 때, 이 부적을 목적하는 부적과 같이 쓸 경우 소원 성취에 더욱 이로움이 있다.

5. 오행부(五行符)

(1) 오행부(木)

생년의 납음 오행이 木인 사람이 이 부적을 목적하는 부적과 같이 쓸 경우 소원 성취에 더욱 이로움이 있다.

(2) 오행부(火)

생년의 납음 오행이 火 인 사람이 이 부적을 목적 하는 부적과 같이 쓸 경우 소원 성취에 더욱 이로움 이 있다.

(3) 오행부(土)

생년의 납음 오행이 土인 사람이 이 부적을 목적하는 부적과 같이 쓸 경우 소원 성취에 더욱 이로움이 있다.

(4) 오행부(金)

생년의 납음 오행이 金인 사람이 이 부적을 목적하는 부적과 같이 쓸 경우 소원 성취에 더욱 이로움이 있다.

(5) 오행부(水)

생년의 납음 오행이 水인 사람이 이 부적을 목적하는 부적
과 같이 쓸 경우 소원 성취에 더욱 이로움이 있다.

6. 오방부(五方符)

(1) 오방부(동)

동쪽 방위와 관련된 일 (여행, 주택 개수·보수)을 하려거나 동쪽 방위에서 탈이 났을 때 이 부적을 목적하는 부적과 같이 쓸 경우 소원 성취에 더욱 이로움이 있다.

(2) 오방부(북)

북쪽 방위와 관련된 일(여행, 주택 개수·보수)을 하려거나 북쪽 방위에서 탈이 났을 때 이 부적을 목적하는 부적과 같이 쓸 경우 소원 성취에 더욱 이로움이 있다.

(3) 오방부(서)

서쪽 방위와 관련된 일 (여행, 주택 개수·보수)을 하려거나 서쪽 방위에서 탈이 났을 때 이 부적을 목적하는 부적과 같이 쓸 경우 소원 성취에 더욱 이로움이 있다.

(4) 오방부(남)

남쪽 방위와 관련된 일(여행, 주택 개수·보수)을 하려거나 남쪽 방위에서 탈이 났을 때 이 부적을 목적하는 부적과 같이 쓸 경우 소원 성취에 더욱 이로움이 있다.

(5) 오방부(중)

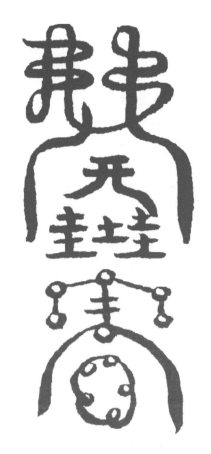

집 중앙에서 개수·보수 등을 하려거나 탈이 났을 때 이 부
적을 목적하는 부적과 같이 쓸 경우 소원 성취에 더욱 이로움
이 있다.

7. 사계부(四季符)

(1) 사계부(봄)

봄철에 이 부적을 목적 하는 부적과 같이 쓸 경우 소원 성취에 더욱 이로움 이 있다.

(2) 사계부(여름)

여름철에 이 부적을 목적 하는 부적과 같이 쓸 경우 소원 성취에 더욱 이로움이 있다.

(3) 사계부(가을)

가을철에 이 부적을 목적
하는 부적과 같이 쓸 경우
소원 성취에 더욱 이로움이
있다.

(4) 사계부(겨울)

겨울철에 이 부적을 목적하
는 부적과 같이 쓸 경우 소원
성취에 더욱 이로움이 있다.

8. 팔문신장부(八門神將符)

　다음의 8개 부적은 팔문신장부(八門神將符)로 기문(奇門)에서 유래된 것이다.
　이 부적들을 몸에 지니거나 집에 붙여 놓으면, 집 안의 각종 악살과 잡귀들을 제압하게 된다. 각종 질병이나 우환에 시달리는 경우에도 효과를 볼 수 있다.

(1) 생문(生門)　　　　　(2) 상문(傷門)

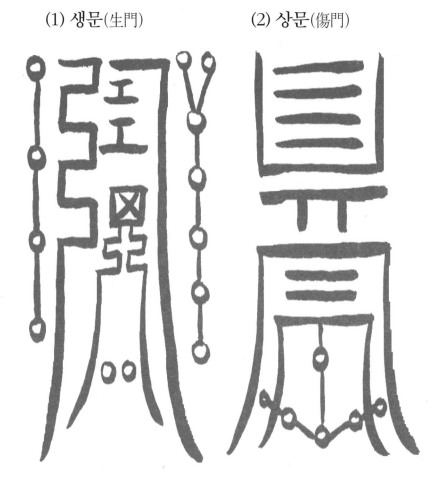

(3) 두문(杜門)

(4) 경문(驚門)

(5) 사문(死門)

(6) 경문(景門)

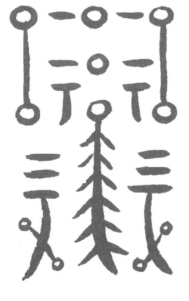

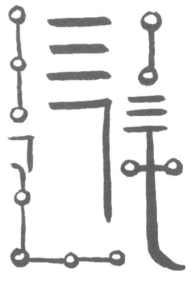

(7) 개문(開門)　　　(8) 휴문(休門)

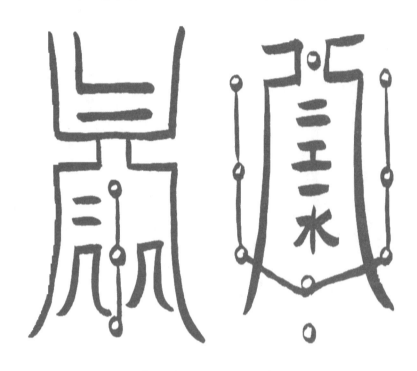

제2장 삼재 관련 부적

(1) 삼재소멸부(三災消滅符)

삼재가 되는 해에 몸에 지니고 다닌다.

(2) 입삼재부

삼재가 드는 해에 쓴다. 삼재소멸부와 함께 쓰면 효력이 증가한다.

(3) 중삼재부

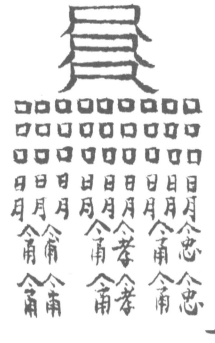

두 번째 삼재 해에 쓴다.
삼재소멸부와 함께 쓰면
효력이 증가한다.

(4) 날삼재부

삼재가 마지막 드는 해에 쓴
다. 삼재소멸부와 함께 쓰면
효력이 증가한다.

제3장 안택 관련 부적

(1) 가택평안부(家宅平安符)

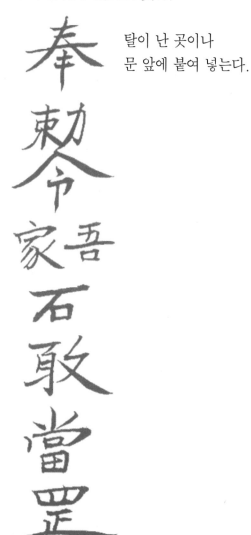

탈이 난 곳이나
문 앞에 붙여 넣는다.

(2) 사기제압부(邪氣制壓符) - 1

어떤 사람이 다른 사람의 집 재산을 탐내어 사악한 부적이나 주술로 귀신을 집 안에 끌어들이게 되면, 집 안에서 늘 괴이한 소리가 나게 되거나, 혹은 귀신이나 괴이한 현상이 나타나게 된다. 그러면 그 집의 사람들은 늘 질병에 시달리게 되거나, 혹은 각종 불길한 일들이 발생하게 된다.

이 때 이 부적을 정문 안에서 태우고, 술 석 잔을 붓고, 손가락으로 물을 묻혀 집 내외에 뿌리며, 입으로 다음의 주문을 외우면, 사악한 주술을 제압하고 평안을 되찾을 수 있다. 황지(黃紙)에 주사(硃砂) 혹은 먹물로 그린 후 대문이나 현관문 위에 붙인다.

쓸 때 다음의 주문을 외운다.

〔天靈地靈, 無私神明, 逐邪祛怪, 崇化無踪, 急急如律令勅〕
〔천영지영, 무사신명, 축사거괴, 숭화무종, 급급여율령칙〕

주문에 사용되는 신은 옥황상제(玉皇上帝)

146

사기제압부(邪氣制壓符) - 2

집 주위에서 여러 살기가 침범하는 것을 방비할 때 쓴다.

문 입구와 밖을 향한 창문 앞에서 각기 한 장을 태운다. 부적을 태우기 전에 먼저 주문을 읊어야 한다.

〔開天門, 塞地戶, 開人門, 塞歸路., 黃金樑, 白玉柱, 穿鬼心, 破鬼肚., 四山塞, 五海開, 吾奉楊公封山勅到奉行, 急急如律令〕

〔개천문, 새지호, 개인문, 새귀로., 황금량, 백옥주, 천귀심, 파귀두., 사산새, 오해개, 오봉양공봉산칙도봉행, 급급여율령〕

사기제압부(邪氣制壓符) - 3

한 장은 문 입구 위에 붙이고 한 장은 문 입구에서 태운다.

사기제압부(邪氣制壓符) - 4

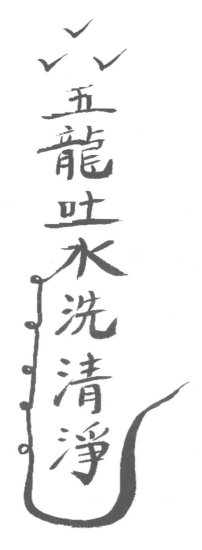

독기를 제거하고 정신을 증대시키는 부적이다. 한 장은 태운 재를 물에 타서 얼굴을 씻고, 한 장은 전신을 씻고, 한 장은 방에서 태운다.

(3) 귀곡조사호신평안부(鬼谷祖師護身平安符)

만약 어떤 사람이 사악한 주술과 부적으로 다른 사람에게 해를 끼친다면, 그 사람의 집안이 화목하지 못하게 된다. 정신병자가 생기거나 환자가 생기고, 아들딸이 불효하고, 부부가 불화하고, 장사가 실패하며, 관재가 끊임없이 발생하게 된다. 이 때 이 부적으로 그 것을 제압한다.

황지에 주사(硃砂)나 먹물로 쓴다. 이 부적은 그 공력이 몹시 커서 신통치 않음이 없다.

신을 청할 때는 귀곡조사(鬼谷祖師)도 함께 청해온다. 이 부적을 태운 후 그 재를 맑은 물에 타서 마시거나, 몸에 지니면 된다. 차를 탈 때 몸에 지니는 경우에도 몸을 보호한다.

이 부적은 여러 사람들이 사용했는데 아주 영험하였다. '구(救)'자 아래에는 (∨∨∨) 모양을 쓰는데 속으로 다음과 같이 읊는다.

'일필(一筆)에 천하가 움직이고, 이필(二筆)에 조사(祖師)가 검(劍)을 들고, 삼필(三筆)에 흉신(凶神)과 악살(惡煞)이 천리(千里) 밖으로 물러가라'

(4) 지장보살가택평안부(地藏菩薩家宅平安符)

황지에 쓰는데, 집의 출입문 입구에 붙여 놓으면 온 집안을 평안히 보호할 수가 있다. 저승의 염라대왕은 모두 지장보살이 관리하고 있기 때문에 저승의 귀신들은 이 보살을 받들며 두려워하고 있다. 보살을 청하는 주문은 아래와 같다.

(南無佛, 南無法, 南無僧, 南無大慈大悲, 十輪拔苦, 本尊大願地藏王菩薩)
(나무불, 나무법, 나무승, 남무대자대비, 십륜발고, 본존대원지장왕보살)

3번 한 후, 남방을 향해 무릎을 꿇고 세 번 절하는 것으로 이 부적의 목적을 마친다. 이후의 과정은 다른 부적의 경우와 같다.

(5) 진살부(鎮煞符) - 1

두 장을 써서 한 장은 몸에 지
니고 한 장은 살을 범한 장소에서
태운다.

진살부(鎮煞符) - 2

나쁜 사기(邪氣)의 침투를 막고 집
안을 평안하게 하는데 효과가 있다.
방문 위에 붙인다. 주문에 사용되는
신은 오뢰신장(五雷神將), 문왕팔괘
신(文王八卦神)

152

진살부(鎭煞符) - 3

나쁜 사기(邪氣)의 침투를 막고 집안을 평안하게 하는데 효과가 있다. 이 부적을 방문 위에 붙인다. 주문에 사용되는 신은 복마대체(伏魔大帝), 장선대제(張仙大帝), 오뢰신장(五雷神將)

진살부(鎭煞符) - 4

　나쁜 사기의 침투를 막아주고 집안을 평안하게 하는데 효
과가 있다. 이 부적을 방문 위에 붙인다. 주문에 사용되는 신
은 육정육갑선사(六丁六甲仙師), 청룡백호신(靑龍白虎神), 옥
황상제(玉皇上帝), 오뢰신장(五雷神將)

진살부(鎭煞符) - 5

나쁜 사기의 침투를 막아주고 집안을 평안하게 하는데 효과가 있다. 조상을 모신 위패를 놓은 곳에 붙인다.

진살부(鎭煞符) - 6

나쁜 사기의 침투를 막는다. 한 장은 문 입구에서 태우고, 한 장은 몸에 지닌다.

진살부(鎭煞符) - 7

문 입구에서 세 장을 태운다.

(6) 흉살침범방지부(凶殺侵犯防止符) - 1

방문 위에 붙이거나, 방 안에서 태운다.

흉살침범방지부(凶殺侵犯防止符) - 2

한 장은 몸에 지니고, 한 장은
문 입구에서 태운다.

(7) 진살평안부(鎭煞平安符) - 1

문 입구에서 세 장을 태운다.

진살평안부(鎭煞平安符) - 2

한 장은 문 입구에서 태우고, 한 장은
몸에 지닌다.

진살평안부(鎭煞平安符) - 3

문 입구에서 세 장을 태운다.

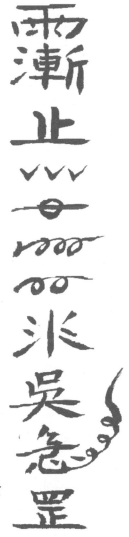

진살평안부(鎭煞平安符) - 4

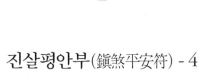

집 주변으로부터 살기의 침범을 받았을 때 쓴다. 들보 위에 붙인다.

오방(五方)의 나쁜 살기를 막아주고 집안을 평안하게 하는
데 좋은 효과가 있다. 대문이나 현관문 위에 붙인다.

(8) 상량부(上樑符)

거주할 때 집안을 편안하게 하는데 효과가 있다. 황지에 주사(硃砂)로 그려서 상량(上樑)할 때 대마루에 붙인다.

제 **❸** 장 안택 관련 부적

(9) 집안의 잡귀를 없애는 부적 - 1

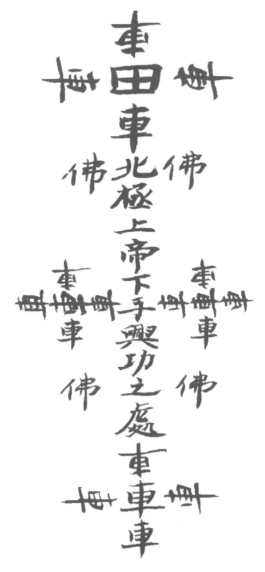

집 안에 잡귀가 있어 각종 흉사가 발생할 때 효험이 있다.
한 장은 출입구에 붙이고 한 장은 몸에 지닌다.

집안의 잡귀를 없애는 부적 - 2

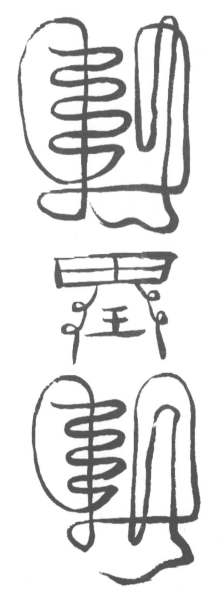

한 장은 출입구에 붙이고 한 장은 몸에 지닌다.

집안의 잡귀를 제압하는 부적 - 3

각종 귀신으로 인해 변고가 발생할 때 이 부적을 써서 제압한다. 한 장은 집 앞의 길에 묻고 한 장은 현관에 붙여 두고 한 장은 방안에 붙여 둔다.

(10) 객귀를 제압하는 부적

객귀(客鬼)는 노상의 귀신을 말한다. 한 장은 출입구에 붙이고 한 장은 몸에 지닌다.

(11) 인귀퇴치부(人鬼退治符)

　사람이 죽은 귀신. 원한이 있는 귀신이 떠돌아 사람에게 해를 끼치는 수가 있다. 방문위에 붙이고 몸에 지닌다.

(12) 관성제군참요멸귀부(關聖帝君斬妖滅鬼符)

이 부적을 붉은 종이에 써서 집 안이나 문 입구에 붙여 두면 잡귀(雜鬼)와 사기(邪氣)를 몰아 내는데 매우 강한 위력을 발휘할 수 있다. 이 부적의 신을 청하는 주문은 일반 신을 청하는 부적과 다르다. 그러나 이 외의 기타 만드는 방법은 다른 부적 작성 요령과 같다.

〔顔良文醜統兵圍, 筵酒未冷可酬曹, 千里尋兄忠義氣, 五關斬將誰敢當, 古城集會表忠義, 雷鼓之中斬蔡陽, 單刀赴會眞豪傑, 水淹七軍 - 沙慶梁, 三國之中龍虎將, 勅封爲漢壽亭侯, 奉請關帝龍下降, 指點弟子信女甚分明, 神兵火急如律令〕

〔안량문추통병위, 연주미냉가수조, 천리심형충의기, 오관참장수감당, 고성집회표충의, 뇌고지중참채양, 단도부회진호걸, 水淹七軍 - 사경량, 삼국지중용호장, 칙봉위한수정후, 봉청관제용하강, 지점제자신녀심분명, 신병화급여율령〕

(13) 가명부(家鳴符)

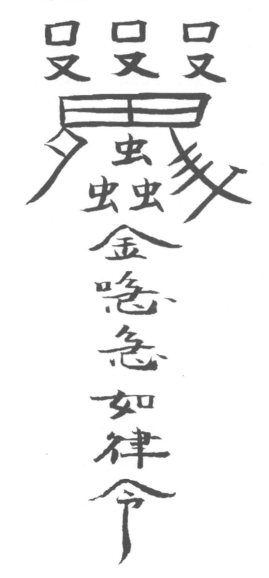

집 안에 괴이한 소리가 날 때 이 부적을 4장 써서 동서남북 각 방향에 붙여 제압한다.

(14) 연수부(延壽符)

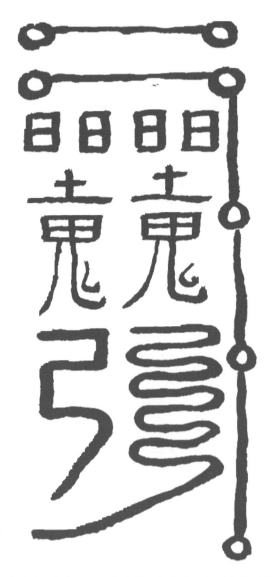

　각종 살기를 제압하고 질병을 이겨내도록 한다. 한 장은 몸에 지니고 한 장은 불에 태운다.

(15) 가정을 평안히 하는 부적 - 1

집안에 재난이 발생하거나 새로 이사를 가고 수리를 하여 평안을 도모하고자 할 때 이 부적을 4장 써서 동서남북 각 방위에 한 장씩 붙인다.

가정 불화가 심하거나 손재나 도난이 있을 경우 이 부적을
두 장 써서 한 장은 문 위에 붙이고 한 장은 몸에 지닌다.

가정을 평안히 하는 부적 - 3

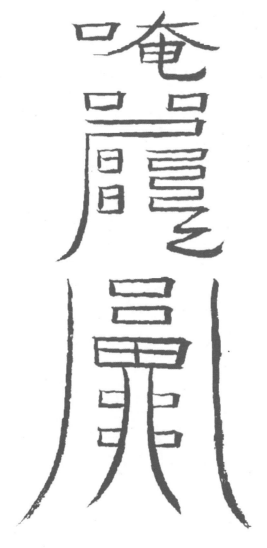

집안에 재난이 발생하거나 새로 이사를 가고 수리를 하여 평안을 도모하고자 할 때 이 부적을 4장 써서 동서남북 각 방위에 한 장씩 붙인다.

(16) 이사 개축 시 쓰는 부적

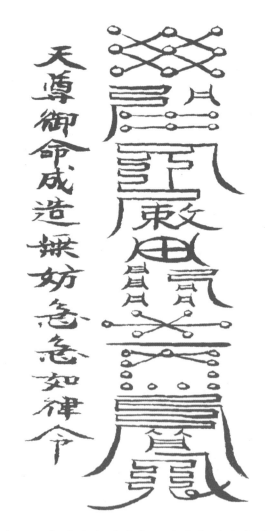

집안 식구 중에 삼재에 해당하는 사람이 있거나 하여, 운이 좋지 않을 때 이사를 하는 경우, 집을 짓거나 수리하는 경우에 이 부적을 쓴다. 한 장은 새 집의 천정에 붙이고, 한 장은 호주(戶主)가 몸에 지닌다.

(17) 가정우환방지부(家庭憂患防止符) - 1

이사를 한 후 우환이 자주 발생할 때 이 부적을 쓴다. 한 장
은 이사 간 집의 문 위에 붙이고 한 장은 몸에 지니도록 한다.

가정우환방지부(家庭憂患防止符) - 2

이사 후 가정이 평안하지 않을 때 쓴다. 한 장은 문 위에 붙이고 한 장은 몸에 지닌다.

가정우환방지부(家庭憂患防止符) - 3

이사를 한 후 우환이 자주 발생할 때 이 부적을 쓴다. 한 장
은 이사 간 집의 문 위에 붙이고 한 장은 몸에 지니도록 한다.

이사를 한 후 우환이 자주 발생할 때 이 부적을 쓴다. 한 장
은 이사 간 집의 문 위에 붙이고 한 장은 몸에 지니도록 한다.

가정우환방지부(家庭憂患防止符) - 5

이사를 한 후 우환이 자주 발생할 때 이 부적을 쓴다. 한 장은 이사 간 집의 문 위에 붙이고 한 장은 몸에 지니도록 한다.

(18) 이사할 때 쓰는 부적 - 1

새 집의 각종 살기를 없애고자 할 때 쓴다. 한 장은 이사 간
집의 문 위에 붙이고 한 장은 몸에 지니도록 한다.

이사할 때 쓰는 부적 - 2

새 집의 각종 살기를 없애고자 할 때 쓴다. 한 장은 이사 간 집의 문 위에 붙이고 한 장은 몸에 지니도록 한다.

제 4 장 재물 관련 부적

1. 재물의 획득을 위한 부적

(1) 사업이 잘 되게 하는 부적

이 부적은 황지(黃紙)에 주사(硃砂)로 써서 점포 문 입구에 붙인다. 그런 후 소금 한 줌을 붉은 천으로 싸서 붉은 실로 점포 문 위의 가운데에 달아 놓는다.

먼저 부적을 붙이고난 후 소금 주머니를 단다. 소금 주머니를 달기 전에, 소금 주머니를 먼저 준비했다가 깊은 밤 자시(子時)에 세 개의 향을 사르고 난 후, 다음의 주문을 읊는다.

'오로재신(五路財神)을 청하여 선가(仙駕)타고 강림하시어 이 집의 신주(神主)께서 청하시옴에 한 알의 소금이 百千의 손님이 되며, 날마다 바람이 오고, 사람이 오고, 돈이 오게 하소서.'

이 주문을 연속하여 7번 읊은 다음, 소금 주머니를 달아 놓으면 사업이나 장사가 염원대로 잘 되어 나갈 것이다.

(2) 부귀겸전부

한 장은 문 입구에 붙이고, 한 장은 몸에 지녀 사용한다. 집 안의 재물을 불리고 가정을 평안히 하는데 이롭다.

(3) 사업대성부

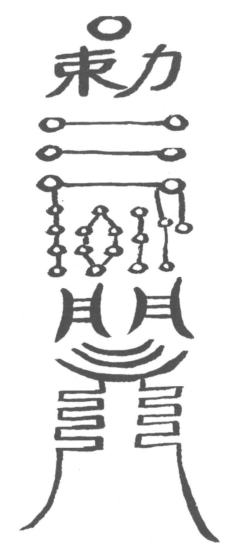

한 장은 몸에 지니고, 한 장은 돈을 관리하는 장부나 금고에 붙인다. 금전의 축적을 돕고, 사업 상 교섭이나 거래를 원활하게 한다.

(4) 사업대길부

한 장은 출입문 위에 붙이고, 한 장은 사무실의 위에 붙이고, 한 장은 몸에 지닌다.

(5) 재물운을 좋게 하는 부적 - 1

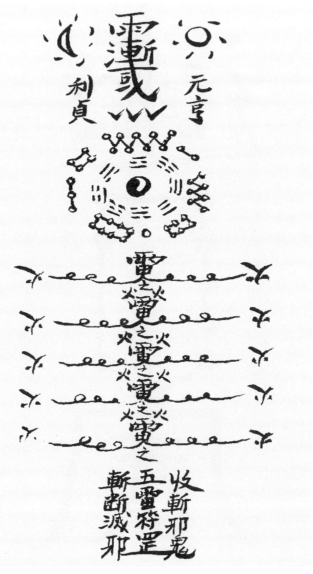

　　황지(黃紙)에 써서 집 안의 불안정한 곳에 붙여 두면 집 안
의 온갖 금기(禁忌)를 없애고, 재물을 불러 모으게 된다.

재물운을 좋게 하는 부적 - 2

이 부적은 황지에 쓰는데, 정문 위나 정문 가로 기둥 위에 붙인다. 혹은 조상의 위패를 모신 곳에 붙이기도 하는데, 침실 방에는 붙이지 않는다. 몸에 지녀도 효과가 있다. 반드시 붉은 종이나 붉은 천으로 부적을 잘 싸야 한다.

기억해야 할 점은 이 부적을 지니고 화장터에 간다거나, 남에게 해를 끼치는 일은 하지 말아야 한다는 것이다. 그렇지 않으면 영험함을 잃게 된다.

재물 운을 좋게 하는 부적 - 3

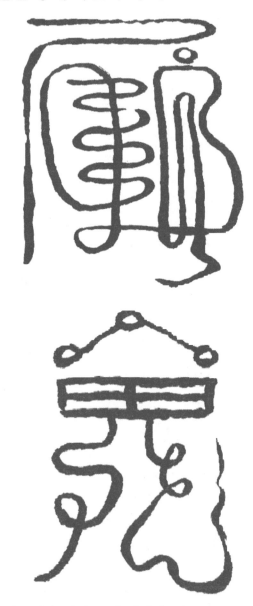

위의 부적 2장을 써서 몸에 지닌다.

(6) 재물과 가정이 왕성함을 기리는 부적

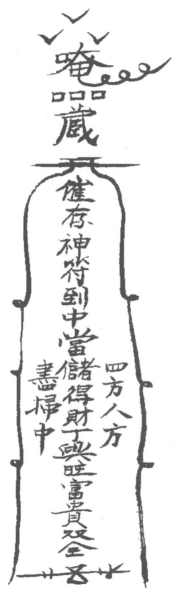

한 장은 방문 위에 붙이고, 한 장은 몸에 지닌다.

(7) 재물 운을 좋게 하는 술법

세상의 술법은 형형색색으로 각자의 방식은 서로 같지 않다. 이 술법만 하더라도 이 전에는 사람들이 진짜 두개골 5개를 썼지만, 현재에 이르러서는 진짜 두개골을 찾기란 참으로 어렵다. 이 방법은 거의 사회적으로 도태가 되어 현재는 잘 채용하지 않는다.

이 방법으로 영험을 보지 못하는 경우에는 먼저 북두성군 (北斗星君) 부적을 가지고, 조상의 묘지에 가서 그 묘에서 부적을 태워 탄 물을 뿌리고, 다시 부적 하나를 묘비 위에 붙인다. 그런 후 다시 이 술법을 써 본다.

그리하면 신기하게 생활이 이전에 비해 많이 나아지고, 돈도 마치 항시 나를 따라다니는 것 같아 내가 돈이 떨어질 때나 몹시 근심에 잠길 때면 어떤 사람이 찾아와서 나에게 어느 곳에 가서 장사를 해야 한다고 알려주기도 하는 것이다. 술법의 내용은 다음과 같다.

1) 집안이 화목하지 못하고, 재산을 탕진하거나, 질병이 있거나, 옥에 갇혀 몹시 고민한다면, 먼저 이 부적과 은지 (銀紙) 한 장을 집 밖의 마당에서 태운다. 그러면 자연히 집의 재산이 불어난다. 이 부적은 황지(黃紙)에 쓴다.
2) 그런 연후 이 부적을 황지에 써서 농기구의 쟁기 끝에 붙여서 집 안의 조상을 모신 위패 밑에 놓는데, 쟁기의 뾰족한 끝이 대문을 향하게 놓아야 하지, 집안을 향해서는 안 된다.
3) 위의 두 부적을 다 쓴 후 다시 황지에 다섯 개의 인형을 그린 후 그 곳에 7개의 구멍을 그려 놓는다.

형체와 용모는 자기의 생각대로 그린다. 크기는 제한이 없다. 옷을 입은 인형을 그려도 된다.

각 인형의 몸에 종이쪽지(흰 종이)를 써 붙이는데, 종이에 다음의 글자를 쓴다.

(中方生財鬼, 東方生財鬼, 西方生財鬼, 南方生財鬼, 北方生財鬼)

이렇게 다섯 개를 쓴 후 각각 참대 쪽에 붙여 놓고, 다섯 개 사발에 생쌀을 가득 담고, 그 인형을 붙인 참대를 거기에 하나씩 꽂는다.

쌀은 본래 사악함을 쫓는데 쓰인다. 그러나 오귀(五鬼)는 선한 귀신이므로 쌀을 두려워하지 않기에 꺼리지 않는다.

그런 후 오귀(五鬼)를 순서대로 정해놓는데, 책상 하나를 준비하여 마당에 놓는다. 방향은 가리지 않는다. 그 곳에 이 오귀(五鬼)를 배열해 놓고, 아침과 저녁으로 향을 피워 올리고 절을 한다. 이 때 오귀(五鬼)가 와 있다고 상상해야 한다.

생체(牲禮·닭, 오리, 생선, 육고기, 계란)가 있으면 당연히 더 좋으나, 평상시 자기가 먹던 밥과 반찬에 다섯 잔의 미주(米酒·술이 없으면 맑은 물에 쌀을 조금 넣어 대체할 수 있다.)를 준비한다.

본래는 49일 동안 연속하여 시행해야 하겠으나, 사무가 너무 바빠 매일 할 수 없다면 간단히 약식으로 해도 가능하다. 아침, 저녁 향을 올리면서 다음의 주문을 읊는다.

(天蒼蒼, 地蒼蒼, 拜請五方生財鬼, 拜請東方生財鬼, 拜請西方生財鬼, 拜請南方生財鬼, 拜請北方生財鬼, 拜請中方生財鬼, 鬼是鬼, 神通大無比, 威靈顯五方, 專管人間通財事, 功比五路財神, 有財來, 無財去, 急急如律令)

(천창창, 지창창, 배청오방생재귀, 배청동방생재귀, 배청서방생
재귀, 배청남방생재귀, 배청북방생재귀, 배청중방생재귀, 귀시
귀, 신통대무비, 위영현오방, 전관인간통재사, 공비오로재신, 유
재래, 무재거, 급급여율령)

주문을 다 읊은 후 자신이 요구하는 일이나 사정을 아뢰면
된다. 향을 세 번 피우고, 술을 세 번 따르며, 다시 종이돈을
더 태운다. 그 후에 술잔의 술을, 태운 저승 돈 주위에 동그라
미로 쏟아 부어 모든 것이 원만하게 되었다는 것을 표시한다.

4) 세 번째 과정까지 끝난 다음, 아무 날이나 택일하여 황지
   에 다시 부적을 써서 문 입구에 붙인다. 단 부적을 쓰는
   시간은 자시(子時)여야 한다. 그 부적은 다음과 같다.

속담에 부귀(富貴)는 팔자(八字)에 달렸고, 집안의 흥망은
풍수(風水)에 의거한다고 하였다.
그러나 부적은 오히려 길을 부르고 흉을 피하며, 악운(惡
運)을 깨뜨리기도 한다. 만약 이 부적으로도 악운을 개선하지
못하였다면, 조상의 묘가 갈라터지거나 損傷을 입지 않았는
지 검사해보아야 한다. 방위가 좋지 못한지 여부도 조사해야
한다.
그런 다음 다시 지금 살고 있는 집의 배치를 검사해본다.
이렇게 삼자(三者)의 배합이 모두 잘 되어야 크게 吉하고 利
益이 따를 것이다.
타고난 팔자만 너무 탓하지 말고 오직 마음과 인격을 잘 수
양하고, 선한 일을 많이 한다면, 이러한 팔자를 능히 극복할
수가 있다.

①번째 과정에서 쓰는 부적　　②번째 과정에서 쓰는 부적

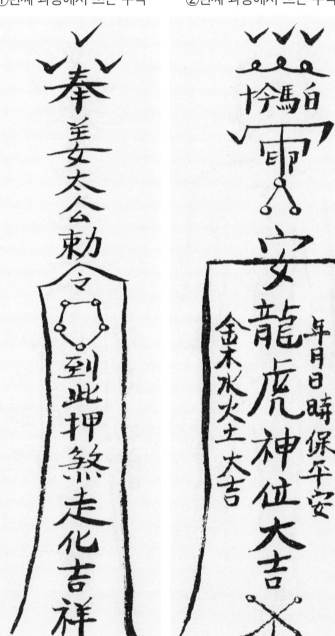

③번째 과정에서 그리는 인형   ④번째 과정에서 쓰는 부적

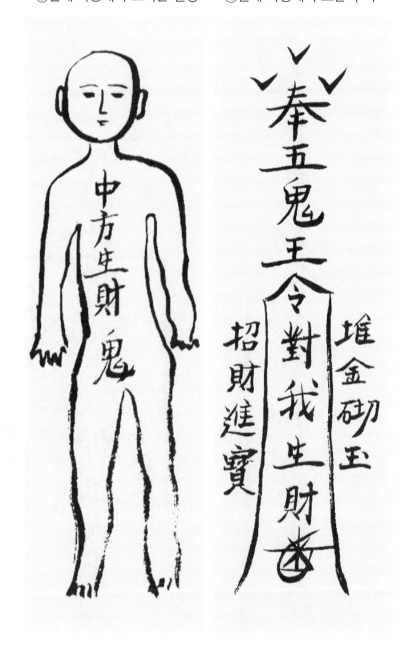

(8) 경영에 유리한 부적

한 장은 영업 중인 자신의 상점 문 입구에 붙이고, 한 장은 몸에 지녀 사용한다. 장사와 영업을 잘 되게 하며, 종업원들 도 자신과 잘 지내게 된다.

(9) 장사 운을 좋게 하는 부적

　　한 장은 몸에 지니고, 한 장은 돈을 관리하는 장부나 금고에
붙인다. 금전의 축적을 이롭게 하고, 거래를 원활하게 한다.

(10) 장사흥왕부

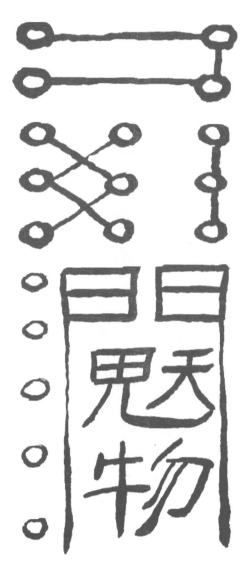

한 장은 영업 중인 자신의 상점 문 입구에 붙이고, 한 장은 몸에 지녀 사용한다. 장사와 영업을 잘 되게 하는데 이롭다.

(11) 빌린 돈을 갚지 않을 때 쓰는 부적

황지와 백지에 각기 써서 자기 침대 다리에 붙인다. 그러나 부적을 쓸 때 반드시 누가 나의 돈을 꾸어 갔고, 지금은 어디에서 살고 있는지, 혹은 이전에 어디에 살았는가를 알려야 한다. 그래야 신명(神明)을 청하여 그 사람을 보내주도록 도와줄 수 있다.

2. 도난 방지를 위한 부적

(1) 도적예방부 - 1

한 장은 출입문 위에 붙이고 한 장은 몸에 지닌다.

문 입구에서 하나를 태우고, 문 위에 하나를 붙이고, 각 창
문 앞에서 하나씩 태운다.

(2) 도난방지부 - 1

집 문 앞에 붙여 놓으면 훔치려던 좀도둑들의 마음이 불안하여 물러나게 된다.

황지(黃紙)에 주사(硃砂)로 써서 문 입구 가운데에 붙여 놓으면, 일체의 흉을 막아 길로 바꾼다.

도난방지부 - 3

天尊御命盜賊不侵不犯

唵唵隱急如律令娑婆訶

제 **4** 장 재물 관련 부적

장기 여행 등으로 도적의 침범이 우려되는 경우 이 부적을 2장 쓴다. 한 장은 출입문 위에 붙이고 한 장은 몸에 지닌다.

201

(3) 도난을 당했을 때 쓰는 부적

흰 종이에 검은 글씨로 써서 도적이 지나간 자리에 붙인다.
단 부적면이 위를 향하게 한 장만 붙인다. 이렇게 되면 3일
전후에 도적은 꼭 돌아와 사죄를 하게 될 것이다.

(4) 도적을 잡고자 할 때 쓰는 부적

위의 부적을 5장 써서, 집 주변의 도로 동서남북 중앙 각 방위에 한 장씩 붙여 둔다.

제 5 장 매매 관련 부적

(1) 사업 상 계약 및 매매를 유리하게 하는 부적

이 부적은 황지(黃紙)에 주사(硃砂) 혹은 먹물로 글을 쓰고 몸에 지니면 교섭할 때 의외의 효과를 얻을 수 있다. 더욱이 영업사원으로 사업을 의논할 때 더욱 더 이 부적을 몸에 지녀야 한다. 이렇게 하면 업무의 성적은 하루하루 좋아질 것이다.

이 부적을 지니게 되면 자신이 조급해지거나 미련하지 않은 이상, 상대방은 꼭 자신을 잘 대할 것이며, 계약이 성사될 확률이 상당히 높아지게 된다.

이 부적은 보기에는 아주 간단한 것 같지만, 써보면 아주 사용하기 좋다. 신통함이 불가사의하여 믿지 못할 정도이다.

(2) 토지 매매 속성부

　토지를 매매하고자 하나 구매자가 없어 전전긍긍하는 경우, 이 부적을 네 장 쓴 후 팔려는 토지의 사방에 묻으면 매매를 앞당길 수 있다.

(3) 매매속성부

　이 부적은 매매 대상을 불문하고 빨리 처분할 수 있도록 한
다. 한 장은 몸에 지니고, 한 장은 물건에 붙인다.

(4) 가옥매매부

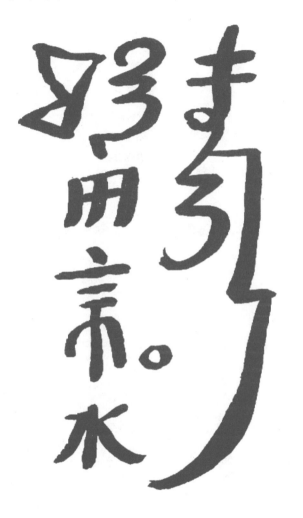

집을 팔려고 하는데 사려는 사람이 없거나 너무 싸게 사려
고 하는 경우 당사자의 생기 복덕일에 한 장을 써서 현관 문
위에 붙인다.

(5) 단독주택매매부

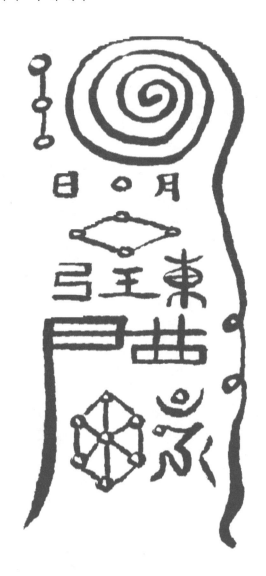

한 장은 몸에 지니고 한 장은 팔고자 하는 주택에 붙인다.

(6) 부동산매매부

다른 곳으로 이주할 목적으로 현재 거주하고 있는 집을 팔려고 할 때 이 부적을 대문 혹은 거실 위에 붙인다.

(7) 연립주택 매매부

이 부적을 연립주택의 현관문 혹은 거실 위에 붙인다.

(8) 아파트 매매부

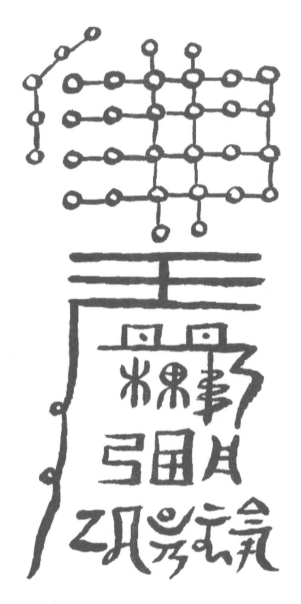

이 부적을 아파트의 현관문 혹은 거실 위에 붙인다.

(9) 상가(商街) 매매부

이 부적을 상가의 출입문 혹은 거실 위에 붙인다.

(10) 토지공장매매부

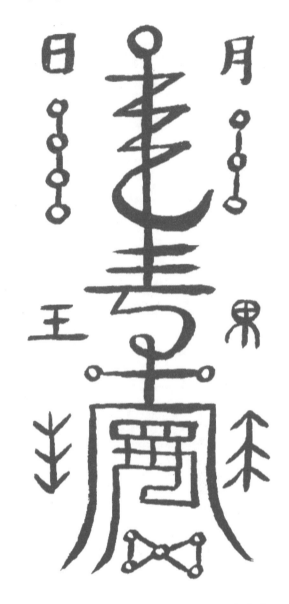

이 부적을 건물의 출입문 혹은 거실 위에 붙인다.

(11) 매매속성부 - 1

　토지나 가옥을 좀 더 빨리 매매하고자 할 때 이 부적을 쓴다.
한 장은 붉은 종이나 천에 감싸 안주머니에 넣고 다니며, 한 장
은 현관이나 안방 문 위에 붙인다.

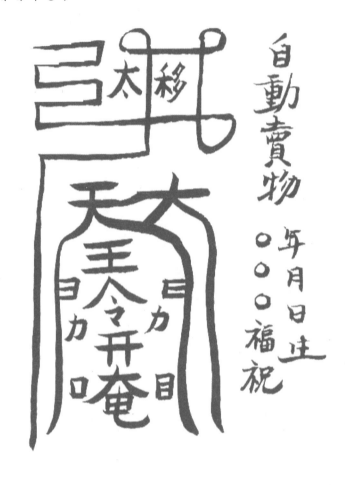

　토지나 가옥을 좀 더 빨리 매매하고자 할 때 이 부적을 쓴다. 한 장은 안주머니에 넣고 다니며, 한 장은 현관이나 안방 문 위에 붙인다.

(12) 만물매매속성부

　물건의 종류를 막론하고 매매가 속히 이뤄지게 한다. 한 장은 붉은 종이나 천에 감싸 안주머니에 넣고 다니며, 한 장은 현관이나 안방 문 위에 붙인다.

(13) 자동차 매매속성부

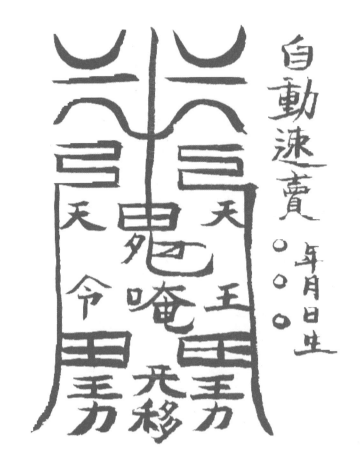

　물건을 팔려고 하는데 임자가 나타나지 않을 경우 효험이 있다. 한 장은 금박지에 감싸 안주머니에 넣고 다니며, 한 장은 현관이나 안방 문 위에 붙인다.

제6장 관직 및 입시 관련 부적

(1) 관직부

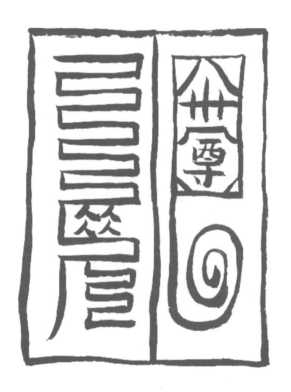

급여를 올리거나 승진하고자 할 때 효험이 있다. 한 장은 태우고 한 장은 몸에 지닌다.

(2) 취직부

한 장은 불에 태우고 한 장은 몸에 지닌다.

(3) 입신출세부

한 장은 태우고 한 장은 몸에 지닌다. 중요한 시험을 앞두고 있거나 승진을 하고자 할 때 사용하면 효험이 있다.

(4) 승진부

龍龍
龍龍
龍龍

雲行雨施品物咸亨

唵急如律令娑婆訶

한 장은 태우고, 한 장은 몸에 지니고 다닌다.
좀처럼 승진이 되지 않는 사람에게 효험이 있다.

(5) 시험부 - 1

한 장은 불에 태우고 한 장은 몸에 지닌다.

시험부 - 2

한 장은 불에 태우고 한 장은 몸에 지닌다.

(6) 합격부

　　시험 날 지갑에 넣고 고시장에 가면 시험 운이 더욱 따르게
되는 효험이 있다.

(7) 학업성취부

노력만큼 성적이 올라가지 않거나 학업에 싫증을 느낄 때
쓰면 효험이 있다. 한 장은 태우고, 한 장은 몸에 지닌다.

제7장 소원 성취 부적

(1) 만사성취부(萬事成就符)

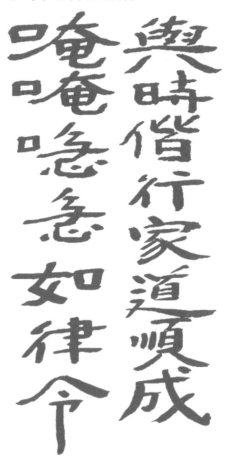

생기(生氣) 복덕(福德) 천의(天宜)에 해당하는 길일(吉日)에 한 장은 문 입구에 붙이고, 한 장은 베개 속에 넣고, 한 장은 몸에 지녀 사용한다. 각종 뜻한 바가 성취되는데, 특히 금전과 경영에 유리하다.

(2) 소원성취부(所願成就符) - 1

이 부적을 2장 쓰는데 한 장은 현관문위에 붙이고 한 장은
몸에 지닌다.

소원성취부(所願成就符) - 2

한 장은 몸에 지니고 한 장은 현관문 위에 붙인다.

(3) 연수복길상부(延壽福吉祥符)

　붉은 종이에 검은 글씨로 쓴다. 태상노군(太上老君)을 청하여 자신을 지켜주게 한다. 이 부적을 쓰는 사람은 도를 어기거나 해를 끼치는 일을 하지 말아야 한다. 그렇지 않으면 태상노군의 보호를 받지 못하게 된다. 선한 일을 많이 할수록 그 위력은 더욱 강해진다.

　이 부적을 자기 집 문 입구에 붙여 놓으면, 마음이 안정되고, 만사가 순조롭게 된다. 복이 많아지고 화가 줄어들며, 장수하게 된다. 이 부적을 사용한 사람들이 말하기를 무슨 일이든 순조롭게 풀리고, 정신 상태도 이 전보다 더욱 좋아진 것 같다고 한다.

　＊ 주(註) : 부적을 써도 돈을 벌지 못하거나, 평안하지 못하고, 모든 것이 뜻대로 되지 않으면, 다시 정성으로 보충하여 쓴다.

제❼장 소원 성취 부적

제8장 남녀 및 대인 관계에 관한 부적

1. 남녀와 부부의 화합에 대한 부적

(1) 부부화합부(夫婦和合符) - 1

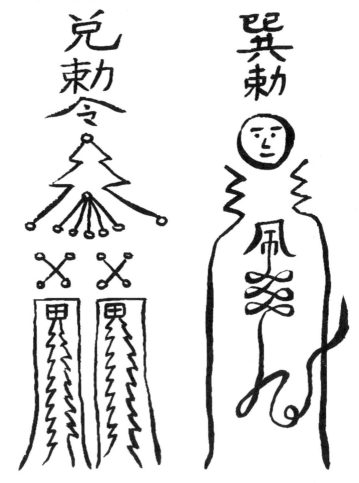

부적의 재를 음료수에 타, 상대방이 모르게 마시게 한다.

부부화합부(夫婦和合符) - 2

하나는 대문에서, 하나는 방 안에서 각기 태우고, 또 하나는 두 사람이 몸을 씻는다.

이 부적 두장을 태우기 전에 반드시 주문을 읊어야 한다.

〔拜請正神祈勅陰陽來和合. 天催催, 地催催, 男爲蘭. 女爲桂, 男爲蜂, 女爲蝶, 蘭桂香香, 蜂蝶相隨. 天和合好雲交雨, 地和合如魚得水, 人和合不得分開. 男女姓名顚鷥到鳳心, 思依依卽時和合對相逢. 吾奉月老仙師急急如律令勅〕

〔배청정신기칙음양래화합. 천최최, 지최최, 남위란. 여위계, 남위봉, 여위접, 난계향향, 봉접상수. 천화합호운교우, 지화합여어득수, 인화합불득분개. 남녀성명전란도봉심, 사의의즉시화합대상봉. 오봉월노선사급급여율령칙〕

부부화합부(夫婦和合符) - 3

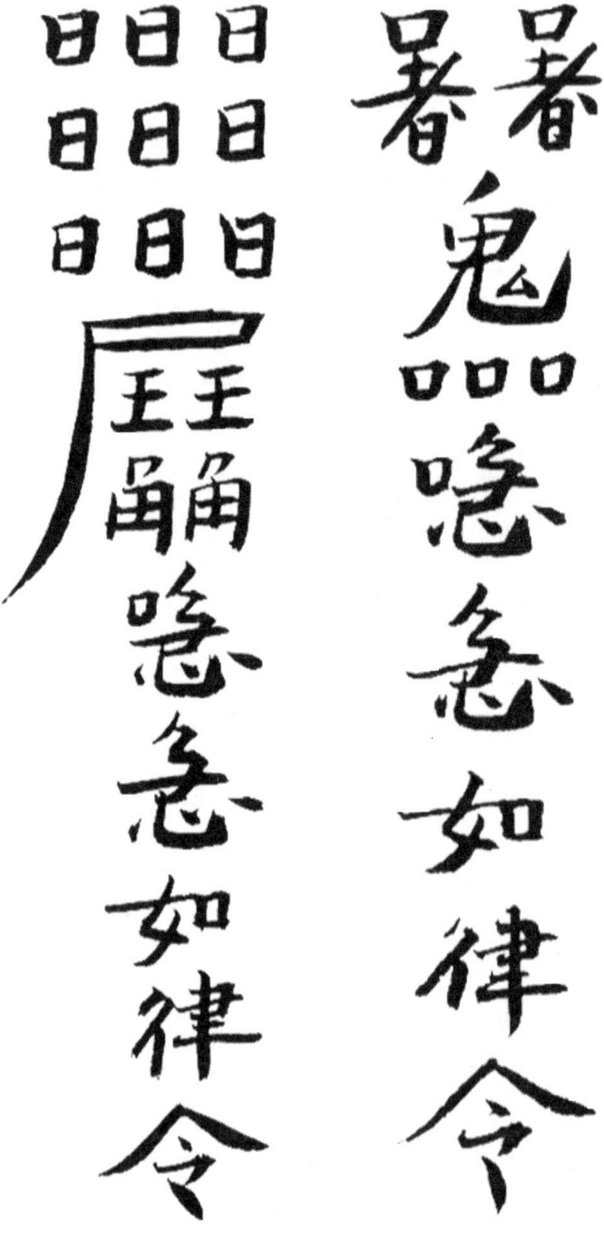

두 개의 부적을 쓴 후 태워 생기는 재(灰)를 상대방이 먹거나 마시게 하는 것이다. 마찬가지로 자신을 더욱 사랑해줄 것이다.

이 술수는 부부 사이에도 적용이 되는데, 단 상대방이 모르게 해야 한다. 예를 들어 남녀 쌍방이 서로 사랑하는데, 현재 서로 떨어져 있어 변심할까 두려울 때, 이 부적을 쓰게 되는 것이다.

먼저 첫 번째 부적을 써서 사용하여 효과가 없으면, 다시 두 번째 부적을 사용한다. 그래도 효과가 없다면, 두 개 부적을 합쳐서 사용한다.

부부화합부(夫婦和合符) - 4

부부가 각자 한 장씩 지닌다. 부부 간 사이가 냉랭할 때, 혹은 이별이 우려될 때 효험이 있다.

부부화합부(夫婦和合符) - 5

이 부적 두 장을 써서 부부가 한 장씩 지닌다. 부부 관계가 좋지 않을 때 쓰면 효과를 볼 수 있다.

부부화합부(夫婦和合符) - 6

押月神女合男人和合
年月日
○○○
(男名)
大王在
남자이름
日月
月日
和合
年月日
○○○
(女名)
大王在
여자이름

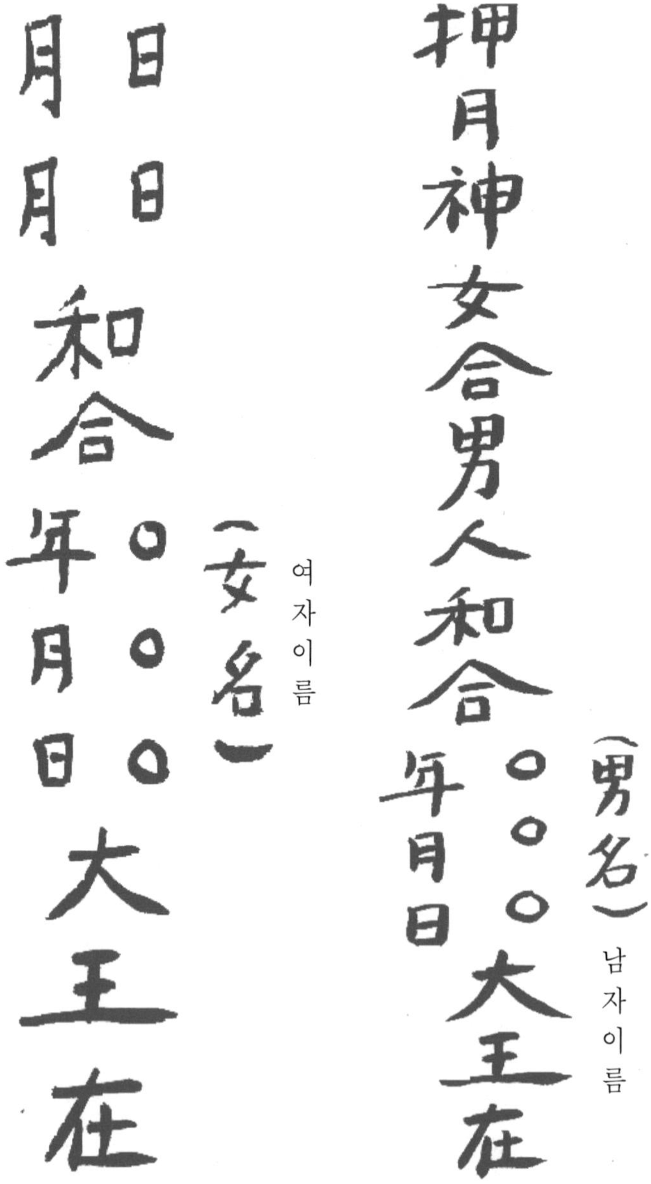

이 두 부적은 남녀가 함께 지니는 것이다.

첫 번째는 남자가 지니는 것이고, 두 번째는 여자가 지니는 것이다. ○○○이라 되어 있는 부분에는 상대방의 이름을 쓴다.

첫 번째 부적은 여자의 이름을 쓰고, 두 번째 부적은 남자의 이름을 쓴다.

부적을 쓰기 전에 먼저 주문을 읊어야 한다.

〔普庵祖師勅乾男 ○○ 年月日時和合, 扶起女人 ○○○ 妻子來合. 時刻來合我身, 時時刻刻合我心, 陰陽來合, 天地日月來和合. 和合仙師來和合, 和合童子來和合. 和合仙師, 和合童子到此, 急急如律令勅.〕

〔보암조사칙건남 ○○ 연월일시화합, 부기여인 ○○○ 처자래합. 시각래합아신, 시시각각합아심, 음양래합, 천지일월래화합. 화합선사래화합, 화합동자래화합. 화합선사, 화합동자도차, 급급여율령칙.〕

주문에서 ○○의 부분에는 각기 남자의 이름과 여자의 이름을 쓰면 된다.

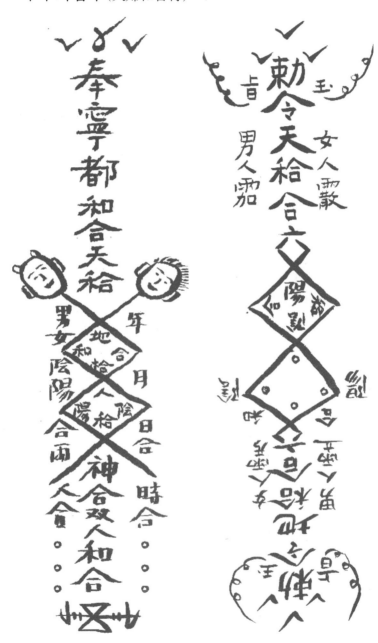

부부 사이에 화합이 잘 이뤄지게 하는데 효과가 있다.

이 부적을 쓸 때 반드시 다음의 주문을 외운다.

〔天和合, 地和合, 天淸淸, 地靈靈, 和合童子到壇前, 和合人心中思和合, 天和合, 地和合, 神和合, 陰陽和合, 男人和合結爲兄弟, 女人和合結爲姉妹, 男女和合結爲夫妻, 心心念念來相尋, 開門過山來相會, 搬山渡河來相尋, 勅到信女○○信男○○, 兩人同一心, 相思結成親, 同群相交纏, 姻緣不分離, 男女不離身, 吾奉和合童子到壇前, 請得衆神盡發動, 摧起女人(惑男人)○○心思和合, 亂紛紛, 急急如律令〕

〔천화합, 지화합, 천청청, 지영영, 화합동자도단전, 화합인심중사화합, 천화합, 지화합, 신화합, 음양화합, 남인화합결위형제, 여인화합결위자매, 남녀화합결위부처, 심심념념래상심, 개문과산래상회, 반산도하래상심, 칙도신녀○○ 신남○○, 양인동일심, 상사결성친, 동군상교전, 인연불분리, 남녀불리신, 오봉화합동자도단전, 청득중신진발동, 최기녀인(혹남인)○○심사화합, 난분분, 급급여율령〕

　백지(白紙)에 주사(硃砂) 혹은 먹물로 두 종류의 부적을 모두 그려 불에 태워 물에 타 부부가 함께 마신다. 첫 번째 부적은 하단부 ○○○에 부부의 이름(좌·남자이름 우·여자이름)을 각각 적어야 한다. 주문에 사용되는 신은 옥황상제(玉皇上帝), 화합선사(和合仙師)

(2) 남녀화합부(男女和合符) - 1

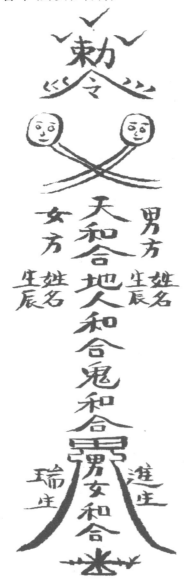

방안에서 한 장을 태우고, 한 장은 몸을 씻고, 한 장은 몸에 지닌다.

남녀화합부(男女和合符) - 2

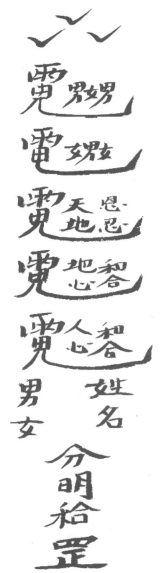

방안에서 한 장을 태우고, 한 장은 몸을 씻고, 한 장은 몸에
지닌다.

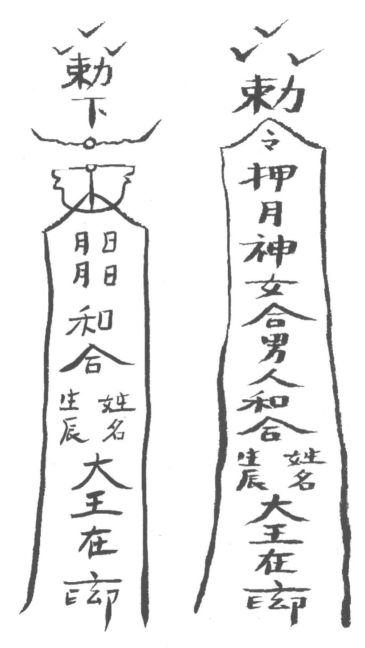

* 첫 번째 부적은 남자가 몸에 지니고, 여자의 이름과 나이를 쓴다. 두 번째 부적은 여자가 몸에 지니고, 남자의 이름과 나이를 쓴다.(姓名, 生辰 부분)

* 이 두 부적을 쓰기 전에 반드시 다음의 주문부터 읊는다.

〔普庵祖師勅乾男年月日時和合, 扶起女人妻子來合. 時刻來合我身, 時時刻刻合我心, 陰陽來合, 天地日月來和合. 和合仙師來和合, 和合童子來和合. 和合仙師, 和合童子到此, 急急如律令勅.〕
〔보암조사칙건남연월일시화합, 부기여인처자래합. 시각래합아신, 시시각각합아심, 음양래합, 천지일월래화합. 화합선사래화합, 화합동자래화합. 화합선사, 화합동자도차, 급급여율령칙.〕

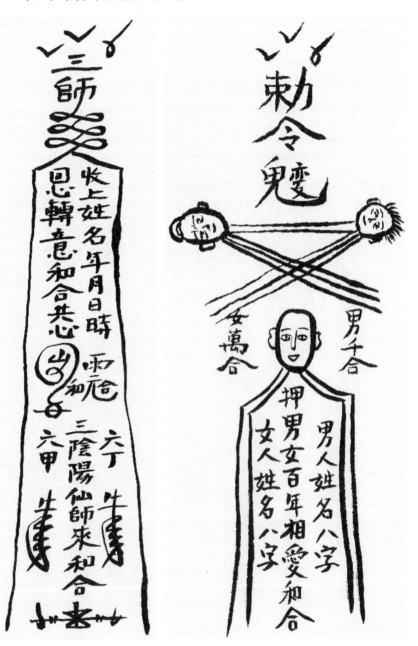

황지(黃紙)에 주사(硃砂) 혹은 먹물로 2종류의 부적을 모두 그려 상대방이 태어난 시간에 불로 태우는 의식을 치르면 된다.

첫 번째 부적은 부적안에 姓名 年 月 日 時라 쓰인곳에 상대방의 이름과 태어난 '년월일시(年月日時)'를 적는다.

두 번째 부적은 男人 姓名 八字 女人 姓名 八字라 쓰인곳에 각각 이름과 生 年 月 日 時를 적는다.

부부나 서로 좋아하던 남녀 중 어느 한쪽이 외도를 하거나 다른 사람과 바람을 필 때 활용한다. 상대방의 마음을 돌리는 데 좋은 효과가 있다.

부부의 화합을 도모하는데 좋다. 태워 물에 타서 마신다.
타인은 마실 수 없다. 주문에 사용되는 신은 옥황상제(玉皇上帝), 화합선사(和合仙師)

남녀화합부(男女和合符) - 6

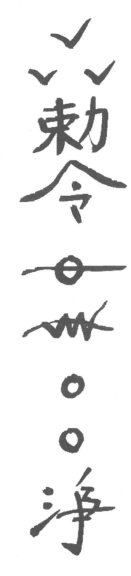

남녀의 화합이 잘 이뤄져 깨끗하게 하고 독기를 없앤다.
태워 물에 타 全身을 닦는다.

(3) 남녀관계청정부 - 1

남녀의 불결함을 없애거나, 살기를 쳐서 없앨 때 쓴다. 태워 물에 타 전신을 닦는다.

남녀관계청정부 - 2

잠자리(行房)를 가진 후 이 부적을 태워 물에 탄 것으로 몸을 씻는다.

(4) 실연 및 짝사랑을 하는 사람을 위한 부적

이 부적은 황지에 주사나 먹으로 쓴다. 신을 청할 때 향 세 대를 붙여 넣고, 화합선사(和合仙師)를 청하면 된다. 실연한 사람이나 짝사랑하는 자가 쓸 수 있다. 마음이 불량한 사람이 이 부적을 활용하면 그 효과를 잃게 된다.

부적 내에서 남자 이름은 직접 남자가 쓰고, 여자 이름도 직접 여자가 쓴다. 출생 년월일시(年月日時)는 음력으로 시간은 틀림이 없어야 한다.

부적을 다 쓴 후 부적을 태우는데, 그 시간은 상대방의 출생 시각으로 해야 한다. 예를 들면 상대방이 오시(午時)에 태어났다면 오시(午時)에 부적을 태운다. 동시에 입으로 아래의 주문을 읊어야 한다.

〔和合神和合仙弟子○○○今與○○○和合, 任千軍萬馬折不散, 吾奉和合祖師急急如律令.〕
〔화합신화합선제자○○○금여○○○화합, 임천군만마절불산, 오봉화합조사급급여율령.〕

이렇게 연속으로 49일을 진행해야 효과를 거둘 수 있다.

(5) 상대방이 나를 좋아하게 만드는 부적

이 부적은 흰 종이에 硃砂나 먹으로 쓰면 되는데, 부적의 뒷면에 상대방의 이름, 연령, 주소(현재 살고 있는 주소)를 적어 놓는 것이다.

먼저 부적을 쓴 후 다시 뒤에 상대방의 이름(먼저 쓰면 안 됨)을 쓰고, 다음 당신이 잠자는 베개 밑에 놓아두면 상대방이 당신에 대한 감정이 아주 좋아지게 될 것이다.

그러나 알지 못하는 사람이라면 효과가 없다. 아무렇게나 모르는 사람을 찾아 써넣는다면 헛수고를 하게 된다.

2. 대인 관계 개선에 대한 부적

(1) 남편의 바람기를 줄이는 부적

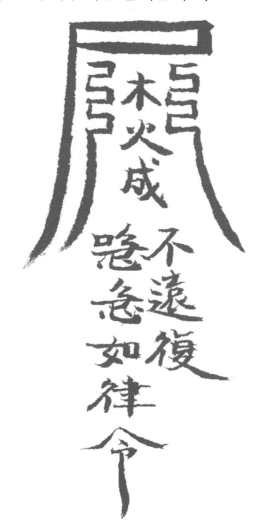

남편 몰래 한 장은 베개 속에 넣고 한 장은 옷 속에 넣는다.
부부화합부와 같이 사용하면 더욱 좋다.

(2) 부인의 바람기를 줄이는 부적

본인 몰래 한 장은 베개 속에 넣고 한 장은 옷 속에 넣는다. 부인이 외출이 잦아 집안일을 돌보지 않거나 바람기가 있을 경우 이 부적을 쓰면 효험이 있다. 부부화합부와 같이 사용하면 더욱 좋다.

(3) 첩 떼는 부적

한 장은 베개 속에 넣고, 한 장은 이불 속에 넣고, 한 장은 옷 속에 몰래 봉하여 넣는다. 남편이 바람기가 있어 여자를 두어 떨어지지 않을 때 효험이 있다.

(4) 남녀 인연을 좋게 하는 부적

한 장은 태우고, 한 장은 몸에 지닌다. 나이가 들도록 인연
을 맺지 못하거나, 이별의 기미가 보일 때 좋은 효험이 있다.

(5) 상대의 관심을 유도하는 부적

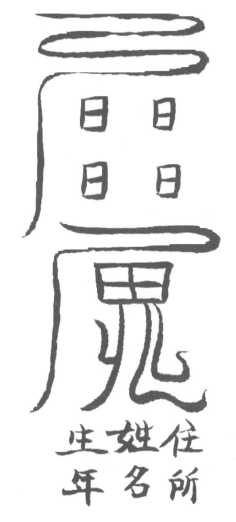

두 장을 써서 한 장은 태우고, 한 장은 몸에 지닌다. 부적 밑에 상대방의 이름, 주소, 생년월일을 기재한다. 대상을 불문하고, 상대방으로부터 호감을 얻고자 할 때 좋은 효과가 있다.

(6) 가정평안부(家庭平安符)

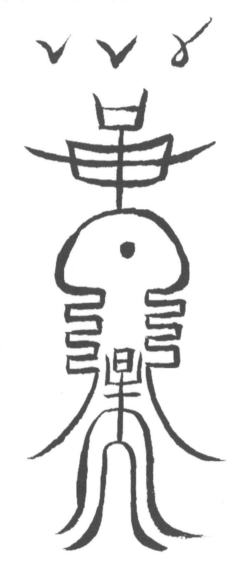

이 부적을 식구의 수만큼 써서 간직하면 가정에 평안이 깃들도록 한다.

(7) 가정화합부(家庭和合符)

한 장은 몸에 지니고 한 장은 불에 태운다. 자신의 가족은
물론 주변 이웃이나 회사 동료와 화합을 도모하게 한다.

(8) 부자화합부(父子化合符) - 1

한 장은 방문 위에 붙이고, 한 장은 부모가, 한 장은 자녀가
지닌다. 가족의 화목함을 도모하는데 효험이 있다.

부자화합부(父子化合符) - 2

부자(父子)간 불화를 제거하는데 효과가 있다. 부적을 태워 깨끗한 물에 타 부자(父子)가 함께 마신다.

(9) 자녀화합부(子女和合符)

자녀들의 관계가 나쁠 때 이 부적을 써서 방안에 붙이면 불화가 해소된다.

(10) 재회부(再會符)

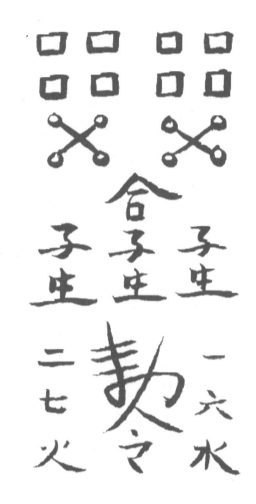

　가족 혹은 부부가 헤어져 있다가 다시 결합하고자 할 때 좋은 효과가 있다. 한 장은 불에 태우고, 한 장은 몸에 지닌다. 부적의 아래에 상대방의 생년월일과 이름을 쓰도록 한다.

(11) 가출예방부

한 장은 베개 속에 넣고 한 장은 몸에 지니도록 한다. 식구
중에 가출을 수시로 하는 사람이 있을 때 쓴다.

(12) 수인부(搜人符)

가출한 사람이 돌아오지 않을 때 3장 써서 태운다. 부적에 성명과 생년월일을 함께 적는다.

제9장 혼례 및 상례 관련 부적

(1) 가취용부(嫁娶用符) - 1

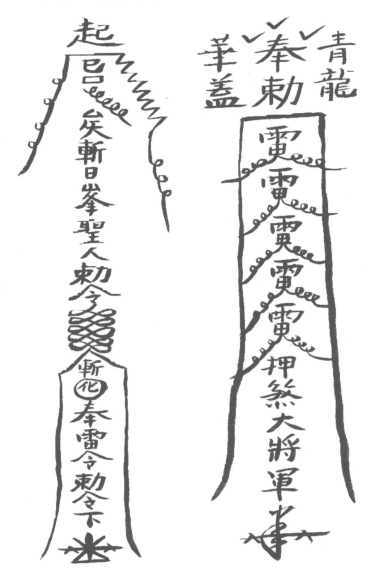

가취구살(嫁娶九殺)이나 홍교살(紅轎殺)을 제어하려는 경우, 혹은 집을 안정시킬 때 사용한다. 위 세 종류의 부적을 모두 그려서 혼사가 있는 집 응접실 벽에 붙인다. 주문에 사용되는 신은 옥황상제(玉皇上帝), 오뢰신장(五雷神將), 강원수(康元帥)

가취용부(嫁娶用符) - 2

가취구살(嫁娶九殺)을 막고 집안을 평안하게 하는데 효과가 있다. 이 부적은 혼사가 있는 집 응접실 벽이나 마루 벽에 붙인다. 주문에 사용되는 신은 옥황상제(玉皇上帝), 오뢰신장(五雷神將), 토지공(土地公)

(2) 혼례부(婚禮符)

奉勅令北極上帝令

麒麟先師到此大吉

奉勅令鳳凰仙到此罡

각종 불상사를 막는다. 한 장은 부부가 동침할 침대 앞에서 태우고, 한 장은 대문 안에서 태운다.

(3) 상희사용부(喪喜事用符)

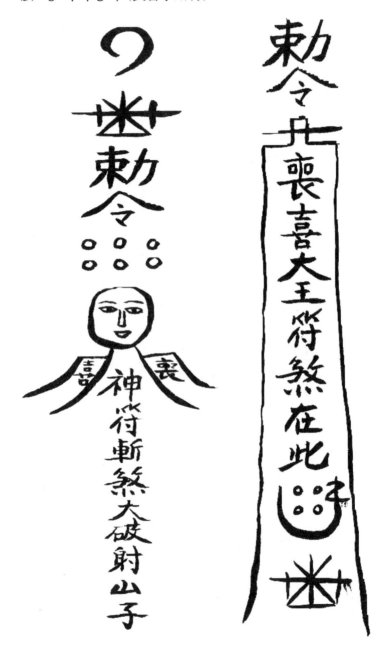

상사(喪事)나 혼사(婚事)로 인하여 발생되는 살을 막고 집 안을 평안하게 하는데 효과가 있다. 3종류의 부적을 모두 그려서 불에 태워 깨끗한 물에 타서 상가(喪家)나 혼가(婚家) 식구들이 조금씩 마신다. 주문에 사용되는 신은 상희대왕(喪喜大王)

(4) 상가부정소멸부(喪家不貞消滅符) - 1

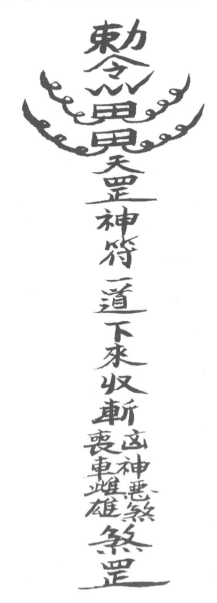

상가(喪家)에 들릴 때 몸에 지닌다.

상가부정소멸부(喪家不貞消滅符) - 2

상가(喪家)에 들릴 때 몸에 지닌다.

(5) 중상예방부(重喪豫防符)

초상이 연이어 발생하는 것을 방지한다. 초상이 난 집에서 이 부적을 붙인다.

(6) 상사부정예방부
(喪事不貞豫防符) - 1

한 장은 몸에 지니고, 한 장은 문입구에서 태운다.

상사부정예방부(喪事不貞豫防符) - 2

상사(喪事)에서 발생되는 각종 살을 막아주는데 좋은 효과
가 있다. 천덕방(天德防)을 취한 다음, 불에 태워 깨끗한 물에
타서 마신다. 주문에 사용되는 신은 옥황상제(玉皇上帝), 남
북두성군(南北斗星君)

상사부정예방부(喪事不貞豫防符) - 3

상사(喪事)에서 발생되는 각종 살을 막아주는데 좋은 효과가 있다. 불에 태워 깨끗한 물에 타서 상가(喪家) 식구들이 조금씩 마신다. 주문에 사용되는 신은 북두성군(北斗星君), 양공선사(楊公仙師)

(7) 왕생부(往生符 · 서방극락세계의 통행증)

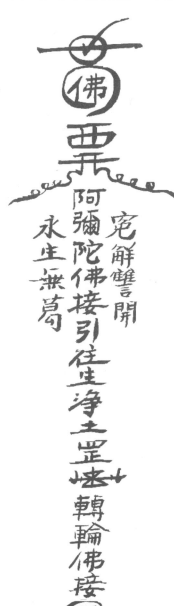

죽은 자가 극락세계에 가게
하는데 효과가 있다. 죽은 사
람의 몸에 지니게 한다. 주문
에 사용되는 신은 아미타불(阿
彌陀佛)

제10장 재난 및 관재 방지 부적

1. 각종 재난 및 관재 구설에 대한 부적

(1) 흉액을 제압하는 부적

각종 관재, 구설, 재난으로부터 보호한다. 한 장은 불에 태우고 한 장은 몸에 지닌다.

(2) 혈광(血光)의 재난을 막는 부적

한 장은 몸에 지니고, 한 장은 문 입구에서 태운다.

(3) 관재발생을 막는 부적

　백호성(白虎星)이 발동하면, 사람을 상하게 하는 각종 재난 (교통사고, 화재, 파면, 손재 등등)이 발생하게 된다. 이 부적은 이를 제압하여 길하게 만든다.

(4) 재난과 손재를 막는 부적

이 부적의 정식명은 오귀부(五鬼符)이다. 오귀성(五鬼星)이
발동하면, 각종 재난이나 손재, 신용 추락 등의 문제가 발생
할 수 있다. 이 부적을 2장 써서 한 장은 태우고 한 장은 몸에
지니면, 자연히 재산을 불러들인다.

(5) 재앙을 막고 몸을 편안히 하는 부적

황지(黃紙)에 주사 혹은 먹물로 그려 몸에 지닌다.

주문에 사용되는 신은 오뢰신장(五雷神將), 옥황상제(玉皇
上帝), 태을선사(太乙仙師)

(6) 재앙에서 몸을 보호하는 부적

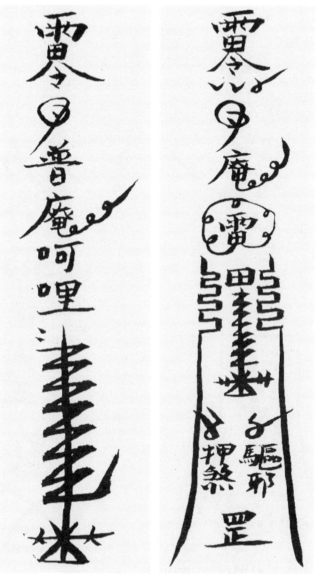

황지에 주사 혹은 먹물로 2종류의 부적을 모두 그려서 몸
에 지닌다. 주문에 사용되는 신은 오뢰신장(五雷神將)

(7) 놀라는 일이 있을 때 쓰는 부적

3장의 부적을 쓴다. 문 입구와 방 안에서 각각 한 장씩 태운 후, 한 장은 태워 전신을 씻는다.

(8) 각종 살기의 침범을 막는 부적

문 입구에서 세 장을 태운다.

(9) 의외의 재난을 방지하는 부적 - 1

한 장은 몸에 지니고, 한 장은 문 입구에서 태운다.

의외의 재난을 방지하는 부적 - 2

한 장은 몸에 지니고, 한 장은 문 입구에서 태운다.

(10) 재액을 방지하는 부적

한 장은 몸에 지니고, 한 장은 불에 태운 물로 몸을 씻는다.

(11) 의외의 재난과 죽음을 방비하는 부적

문 입구에서 세 장을 태운다.

282

(12) 의외의 부상과 재난을 방지하는 부적

문 입구에서 세 장을 태운다.

(13) 각종 흉살과 재난을 방비하는 부적

한 장은 몸에 지니고 한 장은 불에 태운다.

(14) 살기가 침범하는 것을 막는 부적

한 장은 몸에 지니고, 한 장은 대들보 위에 붙인다.

(15) 백사무기부(百事無忌符)

각종 재난을 방지한다. 몸에 지녀 사용한다.

(16) 살을 제압하고 재난을 막는 부적

대문 안에서 세 장을 태운다.

(17) 재앙과 액운의 침범을 막는 부적

한 장은 들보 위에 붙이고, 한 장은 문 앞에서 태운다.

(18) 관재소멸부

관재가 발생하였거나 혹
은 발생할 우려가 있을 경
우에 사용하면 효험이 있
다. 한 장은 태우고 한 장은
몸에 지닌다.

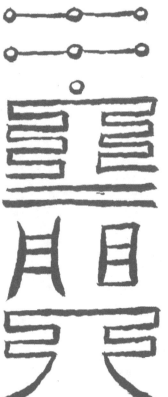

(19) 소송 때 쓰는 부적

각종 민사 및 형사 사건으로
인해 소송에 휘말릴 경우 사용
하면 효험이 있다. 한 장은 태우
고 한 장은 몸에 지닌다.

(20) 형(刑)을 감하는 부

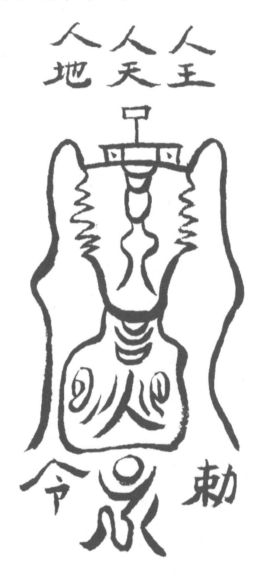

억울하게 죄 값을 치르게 되거나 모종의 혐의를 받고 있는 경우 효험이 있다. 한 장은 태우고 한 장은 몸에 지닌다.

2. 수재(水災)와 화재(火災)에 대한 부적

(1) 수재와 화재가 미치는 것을 막는 부적

한 장은 대들보 위에 붙이고, 한 장은 문 입구에서 태운다.

(2) 화재를 방비하는 부적 - 1

한 장은 문 위에 붙이고, 한 장은 몸에 지닌다.

화재를 방비하는 부적 - 2

문 밖에서 세 장을 태운다.

화재를 방비하는 부적 - 3

문 입구에서 세 장을 태운다.

화재를 방비하는 부적 - 4

문 입구에서 세 장을 태운다.

화재를 방비하는 부적 - 5

문 입구에서 세 장을 태운다.

奉楊公勅下
井井井水壬
水水北方水輪真君到此
火精三鬼
收斬南方
急急如律令

欽奉玉元水德百星君親啟中宮任君火急急如律令勅
安葬
監造

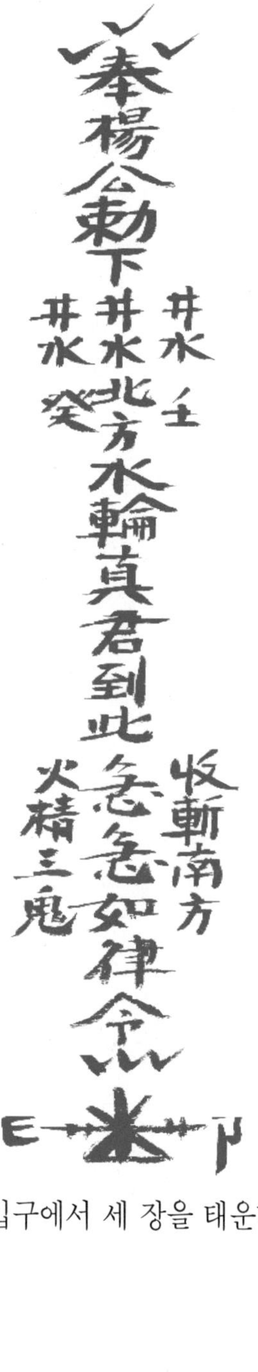

문 입구에서 세 장을 태운다.　문 입구에서 세 장을 태운다.

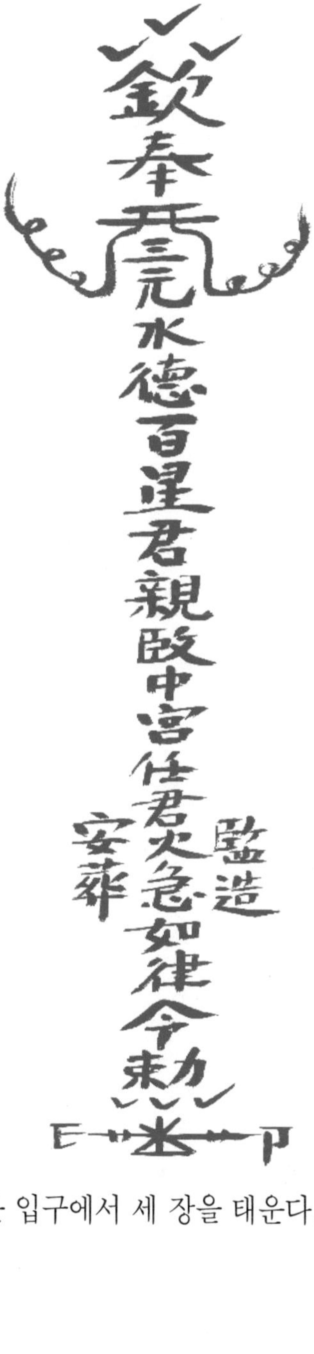

(3) 화재가 자주 날 때 쓰는 부적

문 입구에서 세 장을 태운다.

(4) 화기(火氣)를 제압하는 부적 - 1

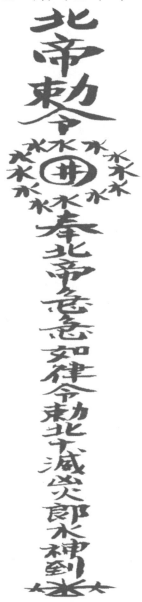

화재의 발생 위험이 있는 장소에 붙인다.

화기(火氣)를 제압하는 부적 - 2

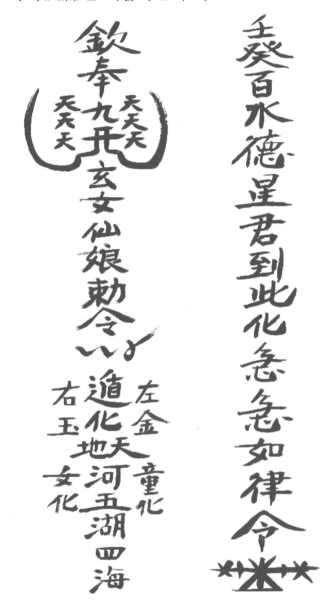

화재의 발생 위험이 있는 장소에 붙인다.

298

(5) 청설산수부(請雪山水符)

　화재를 예방하는데 효과가 있다. 이 부적은 반드시 흑색지
에 그린다. 방문 위에 붙인다.

(6) 화재예방부

화재가 우려되거나 인화물질을 취급하는 업종에 종사하는 사람이 쓰면 효험이 있다. 한 장은 거주하는 곳이나 일하는 곳에 붙이고 한 장은 몸에 지닌다.

(7) 화재를 방지하는 부적

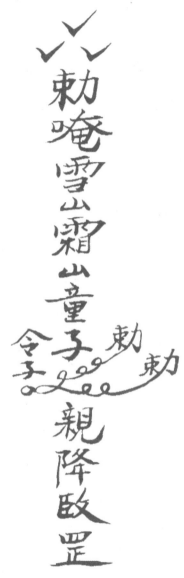

한 장은 몸에 지니고, 한 장은 태워서 물에 탄 것으로 몸을
씻는다.

(8) 오영부(五營符)

동방부   남방부

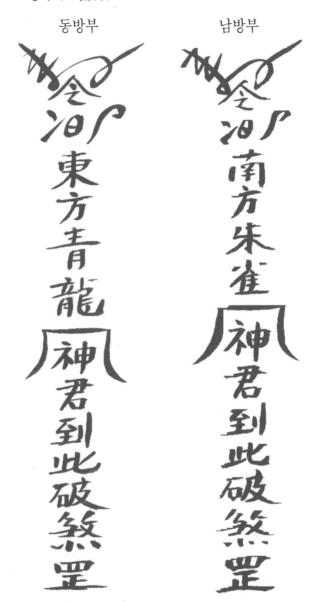

동방부는 동쪽에 붙이고 남방부는 남쪽에 붙인다.

서방부   북방부

令河西方白虎 神君到此破煞罷

令北方玄武 神君到此破煞罷

서방부는 서쪽에 붙이고 북방부는 북쪽에 붙인다.

중앙부

令中央厚土神君到此破煞罷

중앙부는 건물의 중앙에 붙인다. 이 5개 부적은 각 방위 별로 화난(火難)을 제압하고자 할 때 쓴다.

(9) 과화용부(過火用符)

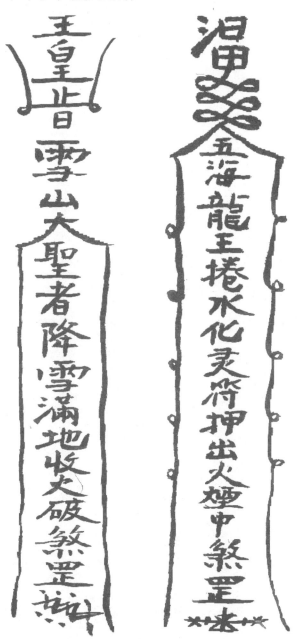

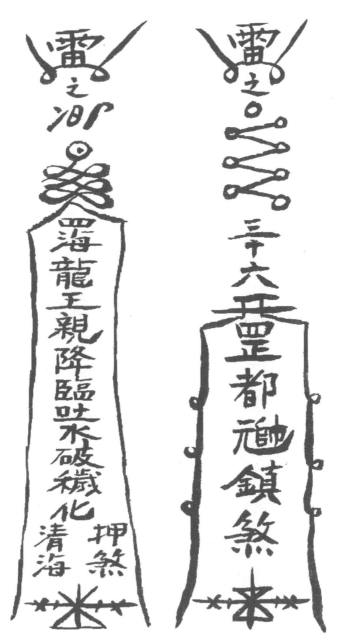

화난(火難)이 매우 심할 때 이 부적 4장을 써서 붙인다.

(10) 수재를 방비하는 부적

한 장은 수재의 위험이 있는 집 대문 위에 붙이고, 한 장은 그 앞에서 태운다. 혹은 신을 모시는 곳 오른쪽에 붙인다.

3. 이동과 교통에 대한 부적

(1) 교통사고방지부 - 1

교통사고가 자주 발생하는 곳에서 3장을 태운다.

차 사고가 났을 때 발생하는 살기를 제압하는데 효과가 있다. 불에 태워 물에 탄 것으로 몸을 씻는다.

(2) 원행안전부

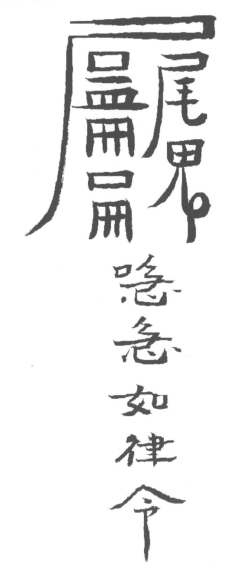

　　멀리 여행을 떠나거나 할 때 한 장은 인시(寅時)에 태우고,
한 장은 몸에 지니면 각종 재난을 방지한다.

(3) 승선안전부

한 장은 인시(寅時)에 태우고 한 장은 몸에 지닌다. 배에 탈일이 잦거나 혹은 배로 여행을 할 때 효험이 있다.

(4) 이동횡액방지부

　　직업상 운전할 일이 많거나 여행이 잦은 사람의 경우 불의
의 횡액을 방지하고자 할 때 효험이 있다. 한 장은 인시(寅
時)에 태우고, 한 장은 몸에 지닌다.

제11장 동토 및 파토에 관련 부적

(1) 진토살부(鎭土煞符)

　　나쁜 토살(土煞)의 침범을 막고 집안을 평안하게 하는데 효
과가 있다. 방문 위에 붙여 쓴다. 주문에 사용되는 신은 옥황
상제(玉皇上帝)

(2) 수토살부(收土煞符)

이 부적은 집 안이 안녕하지 못할 때 쓰는 것으로, 나쁜 토살(土煞)의 침범으로 집 안에 좋지 않은 일이 발생했을 때 사용한다. 예를 들면 재산 상 손실을 보거나, 집안사람이 병을 앓거나, 사람이 죽거나, 가정이 화목하지 못하거나, 아이가 크게 놀라거나 할 때, 모두 이 부적을 쓸 수 있다.

황지에 주사(硃砂)혹은 먹물로 이 부적을 쓰고난 후, 성심껏 기도를 한다면 편안해 질 수 있다. 쓰고 난 후 불에 태워 남은 재를 소금에 섞어 집 사방에 뿌린다.

주문에 사용되는 신은 옥황상제(玉皇上帝)

(3) 제토살부(制土煞符)

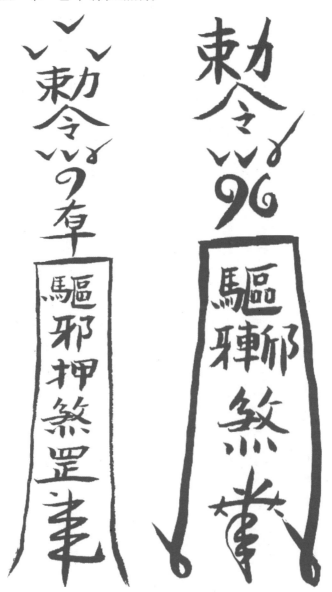

토살을 범했다면, 두 부적을 쌀 속에 넣어 태우면 길하다.

(4) 오방신살부(五方神煞符)

이 부적을 쓰기 위해서는 반드시 주문을 외워야 한다. 부적마다 주문이 각각 다르다.

〔左時天開, 右時地開來, 衆神齊到凶神惡煞邪鬼無來, 吾奉朱文公勅令急急如律令化〕

〔좌시천개, 우시지개래, 중신제도흉신악살사귀무래, 오봉주문공늑령급급여율령화〕

〔天無忌, 地無忌, 姜太公在陰陽無忌, 百無禁忌〕
〔천무기, 지무기, 강태공재음양무기, 백무금기〕

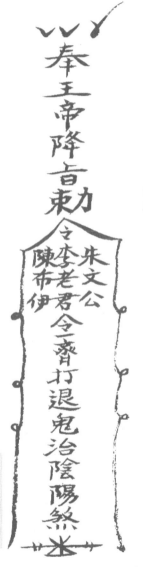

〔天意意, 地意意, 陰陽無忌, 鬼神無忌, 日月無忌, 妖精無忌, 吾奉太上老君令急急如律令化〕
〔천의의, 지의의, 음양무기, 귀신무기, 일월무기, 요정무기, 오봉태상로군영급급여율령화〕

(5) 오방토살부(五方土煞符)

東方土煞符

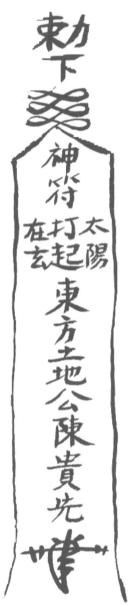

방위 별로 침투하는 토살을 막고 집안을 평안하게 한다. 침투된 방위에 따라 부적을 불로 태우는 의식을 치른다. 가령 동방(東方)이 침투되었다면 동방토살부를 쓴다.

주문에 사용되는 신은 동방토지공(東方土地公), 서방토지공(西方土地公), 남방토지공(南方土地公), 북방토지공(北方土地公), 중앙토지공(中央土地公)

西方土煞符　　　南方土煞符

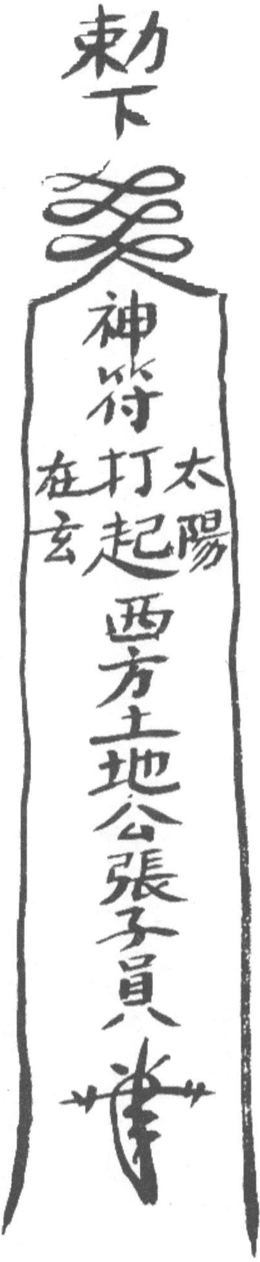

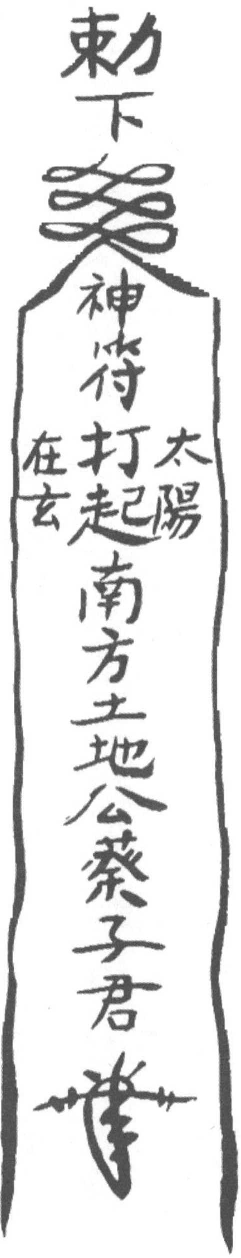

勅下
神符打起
在玄
太陽
西方土地公張子員

勅下
神符打起
在玄
太陽
南方土地公蔡子君

제11장 동토 및 파토에 관련 부적

北方土煞符　　　　中央土煞符

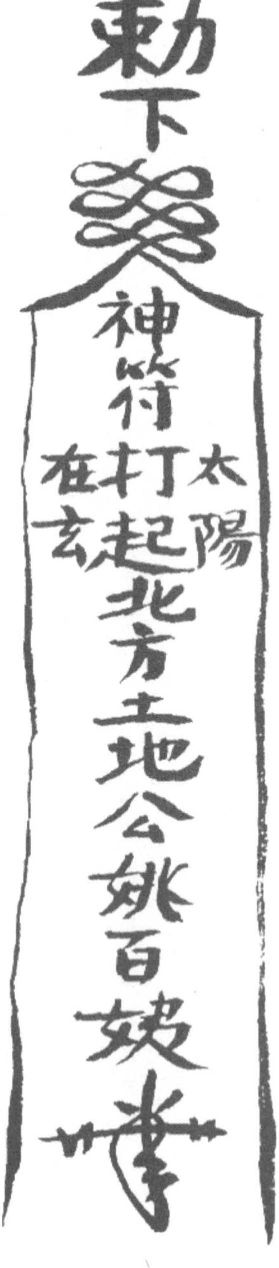

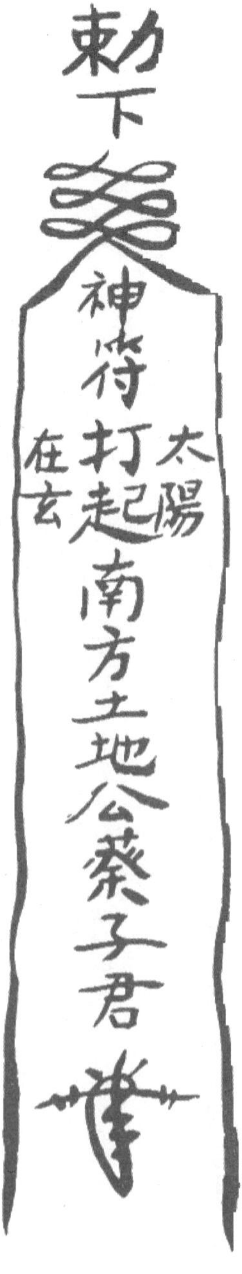

勅下
神符打起
太陽
在玄
北方土地公姚百娘

勅下
神符打起
太陽
在玄
南方土地公蔡子君

(6) 토살부(土煞符)

奉老君卍三郞押去土神煞罡

토살을 범한 곳에서 부적을 태운다.

(7) 동토부(動土符) - 1

증축이나 집수리로 인해 탈이 났을 때 쓴다. 한 장은 동토
가 난 자리에서 태우고, 한 장은 몸에 지닌다.

동토부(動土符) - 2

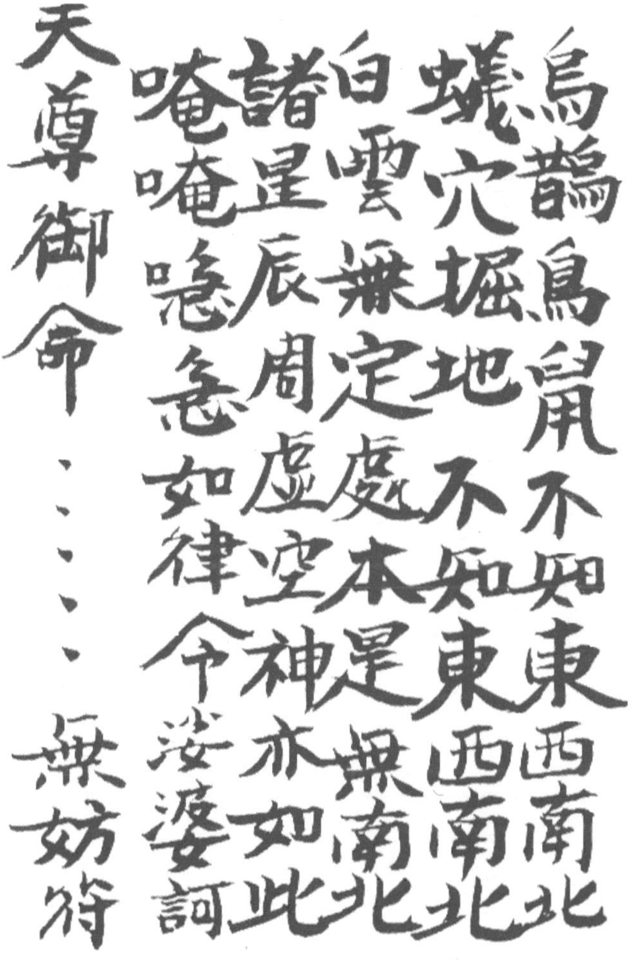

天尊御命 ⋮⋮⋮ 無妨符

唵唵隐急如律令娑婆訶

諸星辰周虛空神亦如此

白雲無定處本是無南北

蟻穴堀地不知東西南北

烏鵲鳥鼠不知東西南北

증축이나 집수리로 인해 탈이 났을 때 쓴다. 한 장은 동토가 난 자리에서 태우고, 한 장은 몸에 지닌다.

'어명(御命)'이라 적힌 부분의 아래에 탈이 난 원인을 적는다. 가령 동토라면 動土(동토)라 쓰고, 문을 고쳤으면 개문(開門)이라 쓴다.

동토부(動土符) - 3

동토(動土)하거나 파토(破土)하는
자리에서 세 장을 태운다.

동토부(動土符) - 4

동토가 난 곳에서 세 장을 태운다.

동토(動土), 파토(破土)한 곳에서
세 장을 태운다.

(8) 부엌수리부

부엌을 수리할 때 탈이 나지
않도록 한다. 한 장은 부엌에서
태우고 한 장은 부엌에 붙인다.

제 11 장 동토 및 파토에 관련 부적

(9) 공사순리부 - 1

공사를 시작할 때 땅 파는 일이 순조롭기를 기릴 때 쓴다.
동토(動土), 파토(破土)한 곳에서 세 장을 태운다.

공사를 한 곳, 동토가 난 곳에서 세 장을 태운다.

(10) 수조동공부(修造動工符)

수리를 하거나 땅을 판 곳에서 한 장을 태운다.

奉勅令天玉皇大帝到中宮住喜修造凶神惡敎對危起全重

唵佛雷身五十二斬邪土神土煞罡

(11) 안문기토부(安門起土符)

문을 달기 위해 땅을 팔 때 쓴다.

제12장 풍수 및 묘지 관련 부적

(1) 풍수용부(風水用符) - 1

안장할 때 함께 넣는다. 각종 살기를 막아 사자를 편안하게
한다. 주문에 사용되는 신은 서천불조(西天佛祖)

묘지가 훼손되었을 때 발생하는 흉을 막는다. 묘지 앞에서
태운다. 주문에 사용되는 신은 토지공(土地公)

(2) 진묘부(鎭墓符)

묘지를 보호하는데 효과가 있다. 황지에 그려서 묘 뒤쪽 7
보 되는 위치에서 불로 태운다.

(3) 산소개수부(山所改修符)

산소를 개수할 때 발생할 수 있는 해를 방지한다. 부적을
묘소 앞에 묻는다.

(4) 붕맥부(崩脈符)

묘지의 용맥(龍脈)이 붕괴되어 발생하는 나쁜 영향을 막아 주는데 효과가 있다. 부적을 묘지의 용맥(龍脈)이 붕괴된 쪽을 향하여 불로 태운다.

(5) 묘소제액부(墓所制厄符)

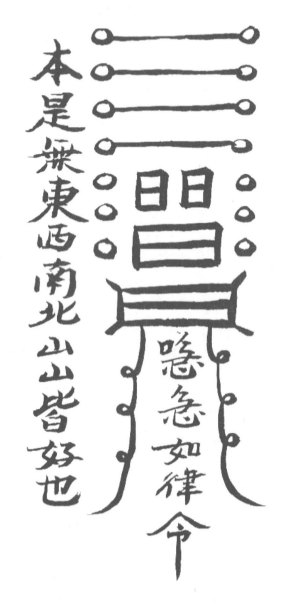

묘소가 잘못되어 발생하는 피해를 줄인다.

(6) 제십살부(諸什煞符)

이 두 부적은 안장하는 날, 흉신의 악살을 범했을 때 풍수지리사가 몸에 지닌다.

(7) 나후부(羅猴符) - 1

　지리사가 풍수를 보는 과정에서 나후(羅猴)의 위험으로부
터, 몸을 보호하는데 효과가 있다. 지리사의 몸에 지니고 있
으면 된다. 주문에 쓰이는 신은 남두성군(南斗星君), 북두성
군(北斗星君)

나후부(羅猴符) - 2

지리사가 풍수를 보는 과정에서 나후의 위험으로부터 몸을
보호한다. 지리사 몸에 지닌다. 살을 범했을 때도 길(吉)하
다. 주문에 사용되는 신은 오뢰신장(五雷神將)

(8) 제리두부(制梨頭符)

풍수를 볼 때 발생하는 위험을 막는다. 부적을 태워 물에 넣어 마신다. 사용할 때 반드시 주문을 외워야 한다.

〔一封透天霆, 一書鬼神驚, 太上化三淸〕
〔일봉투천정, 일서귀신경, 태상화삼청〕

(9) 파리두부(破梨頭符)

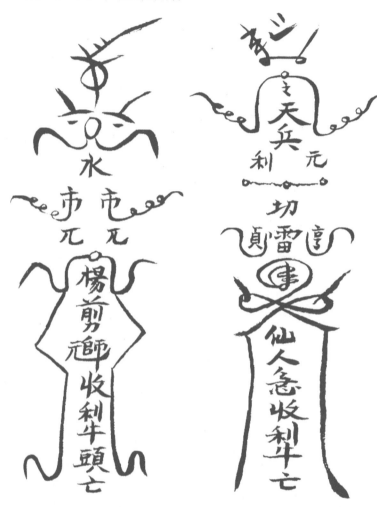

풍수를 볼 때 사용한다. 쓸 때는 반드시 주문을 외운다.

〔天猜猜, 地猜猜, 仙人收到梨到壇前, 催自消災, 押退邪兵千千敗,
一化天淸, 二化地靈, 三化神兵, 急急如律令〕

〔천시시, 지시시, 선인수도이도단전, 최자소재, 압퇴사병천천패,
일화천청, 이화지영, 삼화신병, 급급여율령〕

(10) 지리사보명부(地理師保命符)

지리사의 몸에 지닌다. 사기(邪氣)로
부터 몸을 보호한다. 주문에 사용되는
신은 황제신(皇帝神)

(11) 이도부(二道符)

안장하는 날 지리사의 몸에 지니고 있으면
된다.

340

(12) 파토부(破土符) - 1

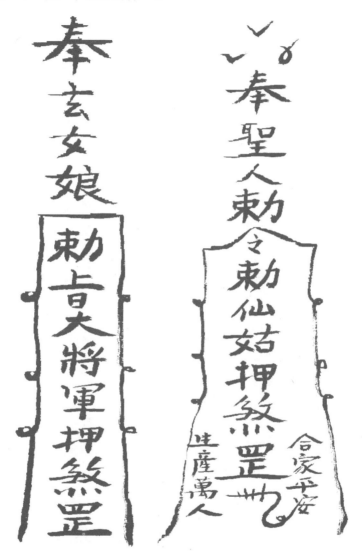

묘지를 만들기 위해 파토(破土)할 때 발생되는 살을 막아준
다. 파토할 때 부적을 태운다. 주문에 사용되는 신은 옥황상
제(玉皇上帝), 구천현녀(九天玄女)

파토부(破土符) - 2

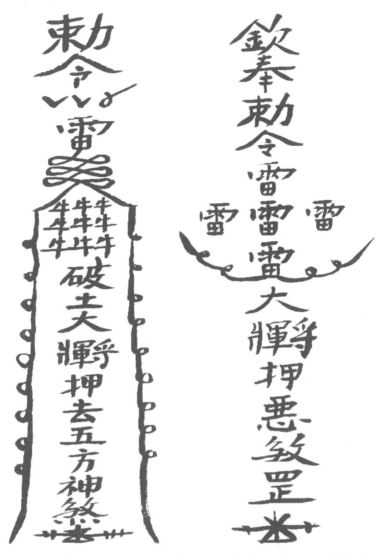

묘지 공사 혹은 파토(破土)할 때 이 부적을 태운다. 주문에 사용되는 신은 옥황상제(玉皇上帝), 오뢰신장(五雷神將), 양구빈선사(楊救貧仙師), 파토대장군(破土大將軍)

제13장 질병 관련 부적

(1) 질병퇴치부 - 1

한 장은 환자의 방 안에서 태우고, 한 장은 태운 것을 물에 타 몸을 씻는다.

이 부적을 한 장에 2장 쓴다. 한 장은 몸에 지니고, 한 장은
방문 위에 붙인다.

(2) 질병치료부(疾病治療符)

병을 낫게 하는데 효과가 있다. 黃色紙에 硃砂 혹은 먹물로 그려서 病者의 몸에 지니게 한다.

(3) 전염병예방부

전염병이 유행할 때 몸에 지니고 다닌다.
주문에 사용되는 신은 옥황상제(玉皇上帝), 오뢰신장(五雷神將), 태상노군(太上老君)

(4) 무병평안부

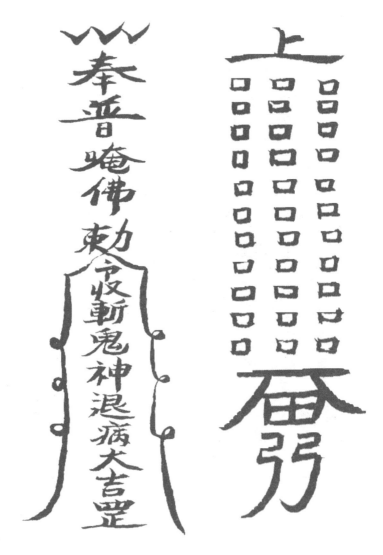

각종 질병의 침범을 막는다. 앞의 부적은 방문 위에 붙이고
뒤의 부적은 몸에 지닌다.

(5) 두통치료부(頭痛治療符) - 1

불에 태워 물에 타 두통이 있는 사람이 마신다.

두통치료부(頭痛治療符) - 2

龍虎化骨神護身

唵唵隐急如律令

두통이나 어지러움 등의 증상이 있을 때, 한 장은 방문 위
에 붙이고 한 장은 환자의 몸에 지니게 한다.

(6) 해수치료부(咳嗽治療符)

부적을 불에 태워 물에 타 해수 병자(咳嗽病者)가 마신다. 주문에 사용되는 신은 삼매노인(三昧老人), 서천불조(西天佛祖)

普庵

佛

神

品三昧老人

符水入心

咳嗽即安

(7) 고열치료부(高熱治療符)

사기(邪氣)로 인해 두통과 고열이 발생할 때, 부적을 태워 물에 탄 것을 병자가 마신다. 이 부적을 쓸 때 반드시 다음의 주문을 외운다. 주문에 사용되는 신은 서천불조(西天佛祖)

〔奉請雪山溶溶, 雪山瓊瓊, 雪山和尚, 雪山童子, 雪山仙人, 雪山兵將, 凡間有難, 請你降臨來, 身中致痛, 卽保安寧, 火急如律令〕
〔봉청설산용용, 설산경경, 설산화상, 설산동자, 설산선인, 설산병장, 범간유난, 청니강림래, 신중치통, 즉보안녕, 화급여율령〕

(8) 지혈부(止血符) - 1

출혈이 심할 때 이 부적을 태워
물에 타 마신다.

지혈부(止血符) - 2

태워서 물에 타 마신다.

지혈부(止血符) - 3

코피나 하혈(下血)을 멈추게 하는
데 효과가 있다.

(9) 하혈방지부(下血防止符)

하혈이 심할 때 이 부적을 태
워 물에 타 마신다.

(10) 불면증부(不眠症符)

신경 쓰이게 하는 고민이 있어 좀처럼 잠들지 못하거나 병적으로 불면증이 심할 경우 이 부적을 베개 속에 넣는다.

(11) 냉병퇴치부(冷病退治符)

냉병(冷病)이 심한 환자가 이 부적을 몸에 지니게 한다.

(12) 월경불순부(月經不順符)

월경이 불순할 때 이 부
적을 태워 물에 타 마신다.

(13) 정신병부(精神病符) - 1

태워서 물에 타 마신다.

정신병부(精神病符) - 2

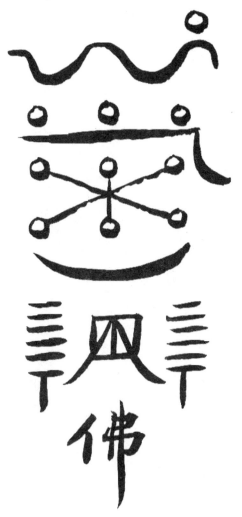

사람이 갑작스럽게 미쳤을 때, 한 장은 불에 태워 물에 탄
것을 마시게 하고, 한 장은 환자의 몸에 지니게 한다.

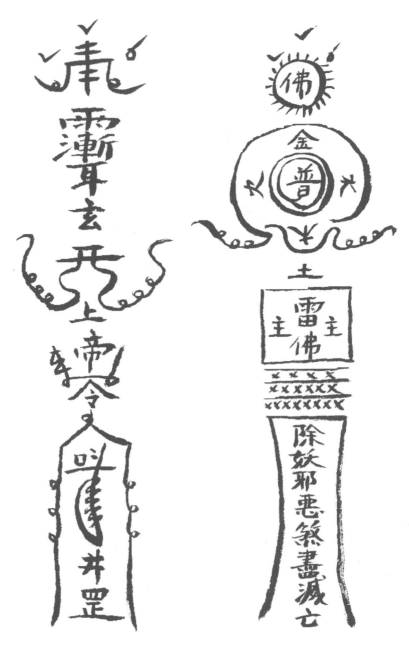

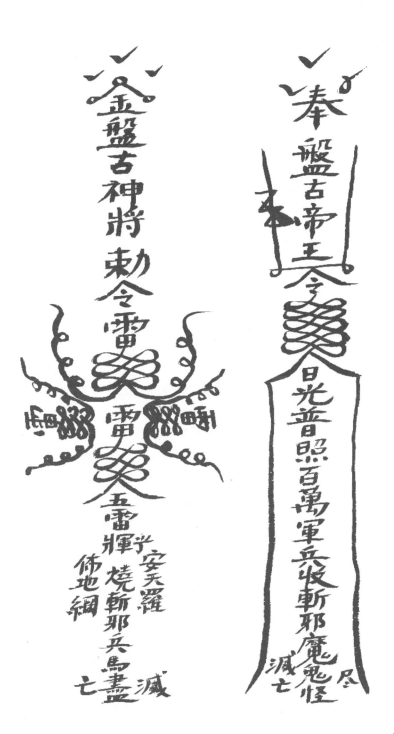

위 5종류의 부적을 환자의 몸에 지니게 한다. 주문에 사용
되는 신은 서천불조(西天佛祖), 옥황상제(玉皇上帝), 반고제왕
(盤古帝王), 오뢰신장(五雷神將), 천라지망선사(天羅地網仙師)

정신병부(精神病符) - 4

후천적인 정신병을 낳게 하는데 효과가 있다. 정신병자가 사용하는 요 속에 넣는다. 주문에 사용되는 신은 아미타불(阿彌陀佛), 오뢰신장(五雷神將)

(14) 심신안정부(心身安定符)

부적을 태운 물을 마신다.
주문에 사용되는 신은 철금
강선사(鐵金剛仙師)

(15) 악몽소멸부(惡夢消滅符)

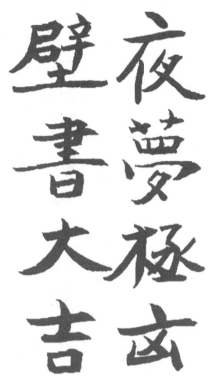

악몽에 시달릴 때 이 부적을 쓰는데 한 장은 벽에 붙이고 한 장은 몸에 지닌다.

(16) 십이시진병부(十二時辰病符)

이 12개의 부적은 각기 병이 발생할 때의 시각에 의거하여 몸에 지니는 것이다. 만약 오후 12시에 발병했다면 午時 부적을 지녀야 한다. 이 부적은 악몽을 그치게 할 때도 쓸 수 있다.

황색지에 주사(硃砂) 혹은 먹물로 그려서 환자의 몸에 지니면 된다.

주문에 사용되는 신은 서천불조(西天佛祖)

子時用符　　　　丑時用符

佛普庵唧間眹扇昌押祭五方凶神罡

佛唵勅令靈靈苺押退十二凶神悪

寅時用符　　　　　卯時用符

辰時用符

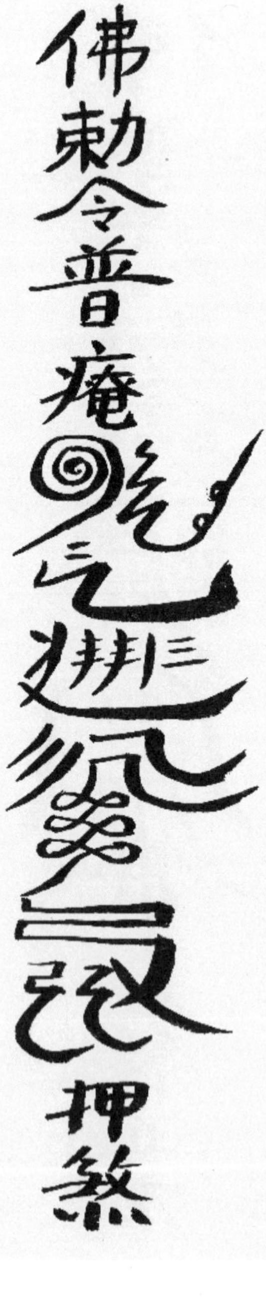

巳時用符

午時用符　　　　未時用符

申時用符　　　　　酉時用符

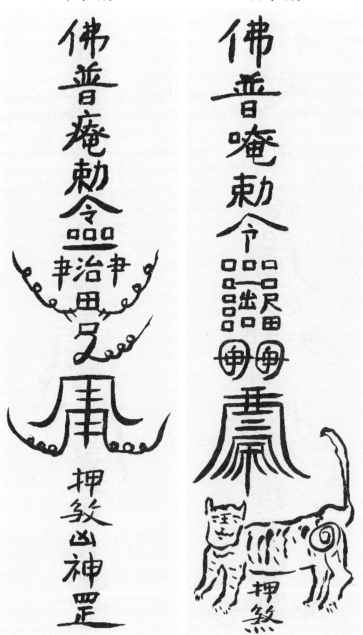

366

戌時用符　　　　亥時用符

(17) 눈병 치료 부적 - 1

동남쪽을 향해 이 부적을 쓰고 난 후, 부적을 태운 물을 마신다.

눈병 치료 부적 - 2

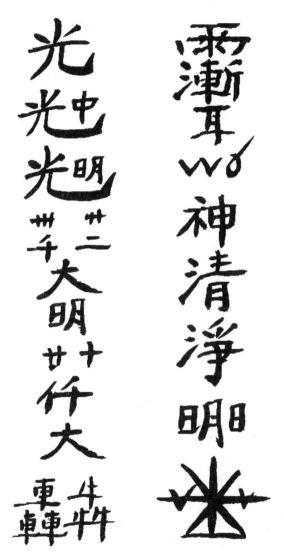

백지에 주사 혹은 먹물로 2종류의 부적을 모두 그린다. 부적을 태운 물을 마신다.

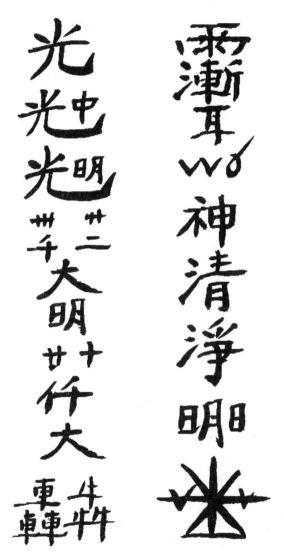

눈병 치료 부적 - 3

눈병의 종류를 불문하고 이 부적을 쓸 수 있다.

눈병 치료 부적 - 4

부적을 태운 재를 물에 타서 마신다. 이 부적을 쓸 때는 반드시 다음 주문을 외운다.

〔天明明, 地明明, 日月在天霆, 陰陽天地生日月九龍精, 吾奉太上九天玄女, 勅令, 急急如律令〕

〔천명명, 지명명, 일월재천정, 음양천지생일월구룡정, 오봉태상구천현녀, 칙령, 급급여율령〕

(18) 다래끼를 치료하는 부적

부적을 태운 물을 마신다. 주문에 사용되는 신은 철판선사(鐵板仙師), 북두성군(北斗星君)

(19) 눈 속에 이물질이 들어갔을 때 쓰는 부적

부적을 태운 물을 마신다.

(20) 화상을 입었을 때 쓰는 부적

이 부적을 태운 물로 화상 부위를 씻으면 회복이 빠르다.

(21) 삔 발을 치료하는 부적

부적을 태운 물을 마신다. 쓸 때 다음 주문을 외운다.

〔天推推地推推, 茅山老祖退魂歸, 山神土地退魂歸, 四大將軍退魂歸, 五營兵馬退魂歸, 三奇神將退魂歸, 吾奉太上老祖來收魂, 急急如律令〕
〔천추추지추추, 모산노조퇴혼귀, 산신토지퇴혼귀, 사대장군퇴혼귀, 오영병마퇴혼귀, 삼기신장퇴혼귀, 오봉태상노조래수혼, 급급여율령〕

374

(22) 허리의 통증을 치료하는 부적

부적을 태워 물에 타 마신다. 쓸 때 다음 주문을 외운다.

〔大雪山食退身痛病消除, 急急如律令勅〕
〔대설산식퇴신통병소제, 급급여율령칙〕

(23) 목에 가시가 걸렸을 때 쓰는 부적 - 1

목에 가시가 걸렸을 때 쓴다. 태워서 물에 타 마신다.

목에 가시가 걸렸을 때 쓰는 부적 - 2

부적을 태워 물에 타 마신다. 쓸 때 반드시 주문을 외운다.

〔赫赫陽陽, 奉請三山九候, 此碗化爲江洋大海, 咽喉化做萬丈深潭, 金刀吞入變化無出〕

〔혁혁양양, 봉청삼산구후, 차완화위강양대해, 인후화주만장심담, 금도탄입변화무출〕

(24) 한열병 치료 부적

한열(寒熱)이 반복되는 환자
의 몸에 지니게 한다. 주문에
사용되는 신은 옥황상제(玉皇
上帝), 보제존불(菩提尊佛)

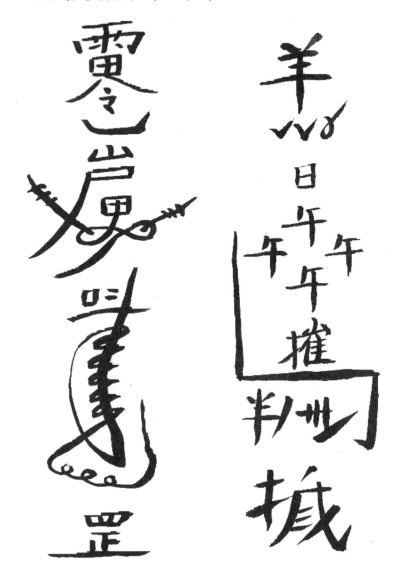

사기(邪氣)의 침범으로 몸이 좋지 않을 때 위의 부적 2종류를 물에 타 마신다.

음증(陰症) 치료 부적 - 2

사기(邪氣)의 침범으로 몸이 좋지 않을 때 이 부적 2장을 태운 재를 물에 타 마신다.

(26) 신경통을 앓거나 행보가 불편할 때 쓰는 부적

좌족부   우족부

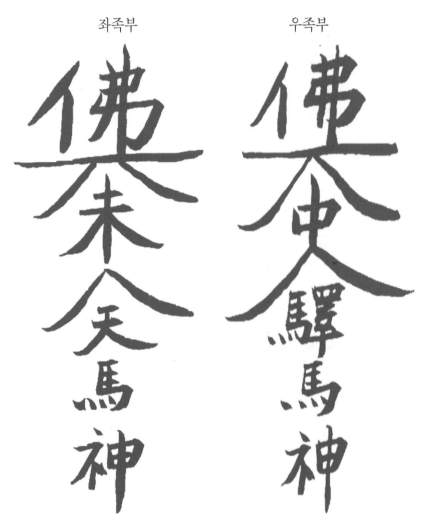

좌측에 문제가 있을 때는 좌족부를 쓰고, 우측에 문제가 있을 때는 우족부를 쓴다. 양쪽에 모두 문제가 있을 때는 2장 모두 쓴다.

부적을 환자의 몸에 지니게 한다.

제14장 출산 관련 부적

(1) 임신 중 토살(土煞)을 막는 부적 - 1

동토 혹은 파토로 인해 태아에 나쁜 영향을 주는 것을 막고자 할 때 쓴다. 한 장은 문 입구에서 태우고, 한 장은 동토처에 붙인다.

임신 중 토살(土煞)을 막는 부적 - 2

집안에 임산부가 있을 때, 이 부적을 동토처(動土處)에 붙이면 의외의 재난을 방비한다.

(2) 임신평안부(姙娠平安符) - 1

문 입구에서 세 장을 태운다.

임신평안부(姙娠平安符) - 2

한 장은 태워 물에 타 몸을 닦고, 한 장은 문 앞에서 태운다.

임신평안부(姙娠平安符) - 3

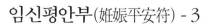

태아와 산모의 안전에 효험이 있다. 한 장은 산모가 지니고, 한 장은 불에 태운다.

임신평안부(姙娠平安符) - 4

태아와 산모의 안전에 효험이 있다. 한 장은 산모가 지니고, 한 장은 불에 태운다.

(3) 태아평안부(胎兒平安符) - 1

문 앞에서 세 장을 태운다.

태아평안부(胎兒平安符) - 2

백지에 주사(硃砂) 혹은 먹물로 그린 후, 불에 태워 물에 타 임산부가 마신다. 주문에 사용되는 신은 옥황상제(玉皇上帝), 육갑선사(六甲仙師)

태아평안부(胎兒平安符) - 3

한 장은 태워 물에 타 몸을 닦고, 한 장은 문 앞에서 태운다.

(4) 남아출산부(男兒出産符) - 1

생남(生男)하기를 무척 원할 때 이 부적을 두 장 써서 부부가 각각 한 장씩 지닌다.

남아출산부(男兒出産符) - 2

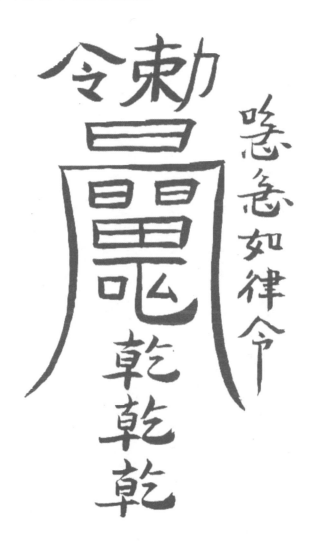

　한 장은 부인이 간직하고 한 장은 불에 태운다. 딸만 여럿 있어 아들을 간절히 원하거나 혹은 아들이 잘 크지 못할 때 효험이 있다.

제15장 소아 관련 부적

(1) 소아길상부(小兒吉祥符)

어린 아이가 낮에는 아주 멀쩡하다가도 밤이면 수시로 울음을 그치지 않는 경우가 있다. 병이 난 것도 아니고 오줌을 싸는 것도 아니며, 배가 고픈 것도 아니다. 이 때에는 귀곡조사(鬼谷仙師)를 모셔와서 지켜주게 하면 된다.

황지(黃紙)에 주사(硃砂)나 먹물로 써서 부적 면이 밖을 향하게 하여 아이에게 달아준다. 이 때 접어놓은 부적 면이 반드시 밖을 향해야 하지 안으로 향해서는 안된다. 이렇게 하면 아이가 울음을 그치고 오랫동안 포동포동하고 귀엽게 자랄 수 있다.

(2) 소아야제부(小孩夜啼符) - 1

　이 부적은 붉은색의 작은 종이 조각에 써서 사용하는데, 먹물로 쓴다. 남자 아이는 왼손바닥에 붙이고, 여자 아이는 오른손 바닥에 붙이는데, 그 효과가 아주 좋다. 어린애가 밤 중에 울음을 그치지 않는 것은 병은 아니지만, 그 부모로서는 대처하기가 아주 힘들다. 만약 이 방법이 안 되면, 한약재 상에 가서 매미(蟬退)를 7마리 사서 그 삶은 물을 우유병에 넣어 아이에게 빨게 하면 효과를 볼 수 있다.

소아야제부(小孩夜啼符) - 2

아이가 별다른 이
유 없이 밤마다 우는
경우 이 부적을 아이
의 몸에 지니게 한다.

소아야제부(小孩夜啼符) - 3

아이가 오줌을 잘 가리지 못할 때, 이 부적을 쓴다. 한 장은 방문 위에 붙이고, 한 장은 아이의 몸에 지니게 한다. 야제(夜啼)의 경우에도 쓸 수 있다.

(3) 경기를 멈추게 하는 부

아이가 경기를 멈추지 않을 때, 한 장은 태워서 물에 타 마시게 하고, 한 장은 지니게 한다.

(4) 홍역 치료부

아이가 홍역을 앓을 때, 한 장
은 태워서 물에 타 마시게 하고,
한 장은 지니게 한다.

(5) 젖을 토할 때 쓰는 부적

아이가 수시로 젖을 토할 때,
한 장은 태워서 물에 타 마시게
하고, 한 장은 지니게 한다.

(6) 아이가 대소변 못 가릴 때 쓰는 부적

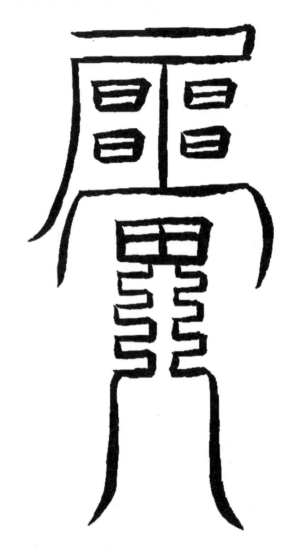

이 부적을 두 장 쓴다. 한 장은 아이의 몸에 지니게 하고,
한 장은 불에 태운 재를 물에 타 마신다.

제16장 가축 관련 부적

(1) 가축평안부(家畜平安符) - 1

집에서 키우던 강아지나 고양이가 이상한 행동을 한다면 집에 변고가 있을 수 있다. 이 때, 방문 위에 부적을 붙인다.

가축평안부(家畜平安符) - 2

가축이 새끼를 배거나 또는 질병에 걸렸을 때 쓴다.

(2) 가축흥왕부(家畜興旺符)

가축을 기르는 우리에 붙이는데, 해지기 전에 붙인다.

(3) 가축전염병예방부(家畜傳染病豫防符) - 1

가축의 우리 입구에서 세 장을 태운다.

가축전염병예방부
(家畜傳染病豫防符) - 2

가축의 우리 입구에서 세 장을 태운다.

(4) 가축전염병치료부(家畜傳染病治療符) - 1

한 장은 소나 돼지의 우리에 붙이고, 한 장은 사료에 섞어 가축에게 먹인다.

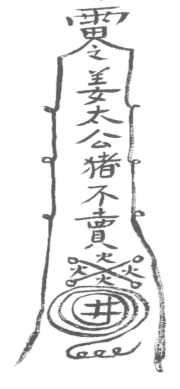

가축전염병치료부
(家畜傳染病治療符) - 2

한 장은 소나 돼지의 우리에 붙이고,
한 장은 사료에 섞어 가축에게 먹인다.

(5) 가축질병퇴치부(家畜疾病退治符)

가축들이 질병에 걸리지 않게 한다. 한 장은 축사에 붙이고 한 장은 불에 탄 재를 사료에 넣어 먹인다.

(6) 저병치료부(猪病治療符)

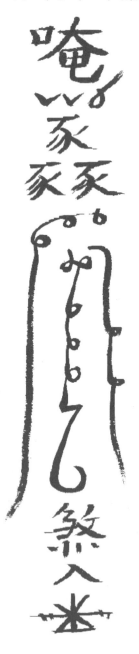

돼지의 질병 치료에 쓴다. 한 장은 우리에 붙이고, 한 장은 사료에 섞어 가축에게 먹인다.

(7) 양병치료부(羊病治療符)

양의 질병 치료에 쓴다. 한 장은 우리에 붙이고, 한 장은 사료에 섞어 가축에게 먹인다.

(8) 우병치료부(牛病治療符) - 1

소의 질병 치료에 쓴다. 한 장은 우리에 붙이고, 한 장은 사료에 섞어 가축에게 먹인다.

우병치료부(牛病治療符) - 2

이 두 장의 부적을 소 우리에 붙여 둔다.

(9) 저계병용부(豬雞病用符)

돼지와 닭의 질병 치료에 쓴다. 한 장
은 우리에 붙이고, 한 장은 사료에 섞어
가축에게 먹인다.

(10) 가축번식부(家畜繁殖符)

가축을 양육하는 과정에서 발
생하는 각종 해를 예방한다. 우리
에 붙인다.

제17장 사주 및 신살 관련 부적

(1) 각종 흉살 제압부

사주 상의 각종 살들로 인한 화를 방지하는데 효험이 있다. 한 장은 몸에 간직하고 한 장은 불에 태운다.

(2) 병부(病符)

병부성(病符星)이 발동하면 건강을 해칠 수가 있다. 이 해에는 문병이나 문상을 가지 말아야 한다. 만약 이를 범했을 때는 이 부적으로 치료할 경우 빨리 나을 수 있다.

奉勅令九丑
玄女治病平安罡

(3) 백호살부(白虎殺符)

　사주에 백호살이 있거나 혹은 백호살 날에 행사가 있어 이를 제압하고자 할 때 이 부적을 쓴다. 한 장은 몸에 지니고 한 장은 불에 태운다.

(백호살 : 戊辰, 丁丑, 丙戌, 乙未, 甲辰, 癸丑, 壬戌)

406

(4) 천구부(天狗符)

천구성(天狗星)이 발동하면 손상을 입게 된다. 이 부적을 써서 화를 제압하면 길하게 된다. 이 부적을 쓴 후 가축 세 마리를 제물로 바치면 곧 평안을 지킬 수 있다.

(5) 세파부(歲破符)

세파성(歲破星)이 발동하면, 모든 일이 길하지 않고 시끄러움이 생기게 된다. 심하면 재산 손실도 초래하게 된다. 매사 인내하고, 덕을 쌓아 우환을 없애야 한다. 이 부적을 단오(端午) 전에 쓰면, 집안의 평안을 보호할 수 있다.

408

(6) 사부(死符)

　사부성(死符星)을 범하면, 싸움, 질병, 관재 등이 발생하게 된
다. 이 해에는 문병을 하지 말아야 하며, 살을 제압하여 평안
을 보존해야 한다.

(7) 단명관살부(短命關殺符)

　사주에 단명관살이 있는 경우 이 부적을 써서 제압한다. 한 장은 방문위에 붙이고 한 장은 몸에 간직한다.

(申子辰日生: 巳, 巳酉丑日生: 寅, 寅午戌日生: 辰, 亥卯未日生: 未)

(8) 천공부(天空符)

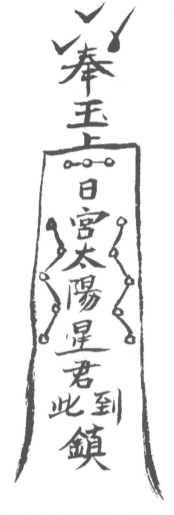

천공성(天空星·태양)을 만나면, 재물이 잘 모이지 않게 된다. 각종 시비에 걸려들지 않도록 주의를 해야 한다. 매월 27일 낮에 동쪽을 향해 태양성군(太陽星君)을 참배하고, 이 부적을 태우면 평안을 지킬 수 있다.

(9) 태음부(太陰符)

　태음성(太陰星)을 범하면 무슨 일이든 뒤탈이 생기고, 남자는 색정이나 손재의 재난이 일어나게 된다. 매월 26일 밤 중에 서쪽을 향해 태음성군(太陰星君)에게 참배하고, 이 부적을 태우면 평안을 보호할 수 있다.

(10) 상문조객살부(喪門弔客殺符)

사주에 상문살이나 조객살이 있거나 혹은 상가(喪家)에 가거나 문병(問病)을 갈 때 이 부적을 써서 해를 방지한다. 한 장은 방문위에 붙이고 한 장은 몸에 간직한다.

년지	子	丑	寅	卯	辰	巳	午	未	申	酉	戌	亥
상문	寅	卯	辰	巳	午	未	申	酉	戌	亥	子	丑
조객	戌	亥	子	丑	寅	卯	辰	巳	午	未	申	酉

(11) 상문부(喪門符)

상문성(喪門星)을 범하면 상복을 입게 되거나, 손재 등의 재난이 일어나게 된다. 이 때는 병문안이나, 문상을 가지 말아야 한다. 이 부적을 써서 몸에 달고 다니면 평안을 보호할 수 있다.

(12) 공망부(空亡符)

사주에 공망살이 있을 때 이 부적을 써서 제압한다. 한 장
은 방문위에 붙이고 한 장은 몸에 간직한다.

(13) 망신살부(亡身殺符)

　사주에 망신살이 있거나 망신살의 해를 맞이할 때 이 부적을 써서 제압한다. 한 장은 방문위에 붙이고 한 장은 몸에 간직한다.

（申子辰生: 亥, 巳酉丑生: 申, 寅午戌生: 巳, 亥卯未生: 寅）

(14) 관목살부(棺木煞符) - 1

　나쁜 관목살(棺木煞)을 막아주어 사자(死者)를 편안하게 하는데 좋은 효과가 있다. 사자(死者)의 관(棺) 머리 부분에 붙이면 된다. 주문에 사용되는 신은 양공조사(楊公祖師)

관목살부(棺木煞符) - 2

　나쁜 관목살(棺木煞)을 막아주어 사자(死者)를 편안하게 하
는데 좋은 효과가 있다. 사자(死者)의 관(棺) 머리 부분에 붙
이면 된다. 주문에 사용되는 신은 오뢰신장(五雷神將), 이십
일리신(二十一里神)

(15) 양인살

사주에 양인살이 있을 때 이 부적을 써서 제압한다. 한 장은 방문위에 붙이고 한 장은 몸에 간직한다.

일간	甲	乙	丙	丁	戊	己	庚	辛	壬	癸
양인	卯	辰	午	未	午	未	酉	戌	子	丑

(16) 삼살부(三殺符) - 1

삼살방의 나쁜 사기(邪氣)를 막아주어 집안을 편안하게 하
는데 효과가 있다. 삼살방에서 불로 태우는 의식을 치른다.
주문에 사용되는 신은 옥황상제(玉皇上帝)

삼살부(三殺符) - 2

삼살방의 나쁜 사기(邪氣)를 막아주어 집안을 평안하게 하
는데 좋은 효과가 있다. 삼살 방향에 부적을 붙인다. 주문에
사용되는 신은 서천불조(西天佛祖)

공사 등으로 삼살방이 침범되어 발생되는 나쁜 사기(邪氣)
의 침투를 막아주어 집안을 평안하게 하는데 효과가 있다. 삼
살방에서 불로 태우는 의식을 치른다.

(17) 삼살부와 대장군부

삼살(三殺) 및 대장군(大將軍)방에 이동 혹은 그 부위를 잘 못 다루어 탈이 났을 때 위의 두 부적을 쓴다. 한 장은 몸에 지니고 한 장은 탈이 난 곳에서 태운다.

(18) 상살부(床煞符)

　　나쁜 상살의 침범을 막아주어 편안한 잠을 이루게 하는데
효과가 있다. 부적을 침대 머리 부분이나 요 상단부에 넣어두
면 된다. 주문에 사용되는 신은 구천현녀(九天玄女), 육정육
갑선사(六丁六甲仙師), 옥황상제(玉皇上帝)

(19) 괴강살부

사주에 괴강살이 있을 때 이 부적을 써서 제압한다. 한 장은 방문위에 붙이고 한 장은 몸에 간직한다.

(괴강살: 庚辰, 壬辰, 戊戌, 庚戌)

(20) 고신과숙살

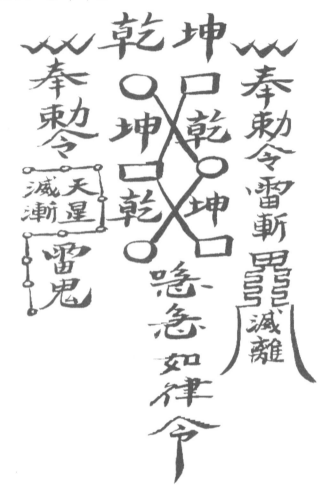

사주에 고신살과 과숙살이 있을 때 이 부적을 써서 제압한다. 한 장은 방문위에 붙이고 한 장은 몸에 간직한다.

년지	子	丑	寅	卯	辰	巳	午	未	申	酉	戌	亥
고신	寅	寅	巳	巳	巳	申	申	申	亥	亥	亥	寅
과숙	戌	戌	丑	丑	丑	辰	辰	辰	未	未	未	戌

(21) 살기충파예방부(煞氣來沖豫防符)

살기가 치는 것을 예
방한다. 대청에서 세 장
을 태운다.

(22) 화개살

사주에 화개살이 있거나 화개살의 해를 맞이할 때 이 부적을 써서 제압한다. 한 장은 방문위에 붙이고 한 장은 몸에 간직한다.

(申子辰生: 辰, 巳酉丑生: 丑, 寅午戌生: 戌, 亥卯未生: 未)

(23) 도화살

사주에 도화살이 있거나 도화살의 해를 맞이할 때 이 부적을 써서 제압한다. 한 장은 방문위에 붙이고 한 장은 몸에 간직한다.

(申子辰生: 酉, 巳酉丑生: 午, 寅午戌生: 卯, 亥卯未生: 子)

428

(24) 태세용부(太歲用符)

雷漸耳以主誠退大將軍抽瓜

태세를 범하여 생긴 살기를 막아 집안을 평안히 한다. 태세를 범한 곳에서 부적을 태운다. 주문에 사용되는 신은 태세대장군(太歲大將軍)

(25) 상충살부

이 부적은 사주에 상충살이 있거나 혹은 상충하는 일에 큰 행사가 있을 경우 이를 제압하고자 할 때 쓴다. 한 장은 방문 위에 붙이고 한 장은 몸에 간직한다.

(상충살: 子午, 丑未, 寅申, 卯酉, 辰戌, 巳亥)

(26) 원진살부

사주에 원진살이 있어 이를 제압하고자 할 때 이 부적을 두 장 써서 한 장은 방문위에 붙이고 한 장은 몸에 간직한다.

(원진살: 子未, 丑午, 寅酉, 卯申, 巳戌, 辰亥)

(27) 삼형육해부

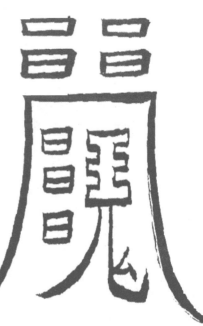

사주에 삼형살이나 육해살이 있을 때 이를 제압하는 부적이다. 한 장은 방문위에 붙이고 한 장은 몸에 간직한다.

(삼형살: 寅巳申, 丑戌未)
(육해살: 子未, 丑午, 寅巳, 卯辰, 申亥, 酉戌)

(28) 수화관살부

　　사주에 수화관살이 있는 경우 이 부적을 써서 제압한다. 한
장은 방문위에 붙이고 한 장은 몸에 간직한다.

(寅卯辰月生: 未戌, 巳午未月生: 丑辰, 申酉戌月生: 丑戌, 亥子
丑月生: 未辰)

432

제18장 호신용 부적

(1) 타인의 음해를 막는 부적

마실 물이나 음료수에 다른 사람이 독을 넣거나 주술로서 해악을 끼치는 것을 막기 위한 용도로 쓰인다.

부적을 쓸 때 '호생다라니신주(護生陀羅尼神呪)'를 7번 읊는다. 주문에 사용되는 신은 호생다라니신(護生陀羅尼神)

(2) 사술에서 벗어나는 부적

이 부적의 위력은 어떠한 사악한 주술이나 부적으로도 이 부적을 당할 수 없을 정도로 강력하다. 각종 사악한 주술이나 저주는 이 부적으로 없앨 수가 있다.

이 부적은 황지에 주사(硃砂)나 먹물로 쓴다. 만약 조상의 묘지 비석이 다른 사람에 의해 파괴되었다면 이 부적을 태워 물에 탄 후 묘지의 주위에 뿌린다. 혹은 묘두(墓頭), 묘미(墓尾), 묘중(墓中), 묘비(墓碑)에 붙이면 흉을 길하게 하고, 전화위복이 되게 하는데 참으로 불가사의한 효과가 있다. 부적을 붙이거나 혹은 태워 물에 타서 마시거나 뿜어서 뿌리는 것 모두 가능하다. 밤 중에 귀신이 집에 잠입했거나 공동묘지에 갔을 경우 이 부적을 몸에 지니면 각종 귀신이 감히 몸에 접근하지 못하며, 음기(陰氣)가 없어진다.

(3) 호신보명부(護身保命符) - 1

법사, 무당 등이 사악한 귀신을 물리칠 때 활용하면 몸을
보호하는데 좋은 효과가 있다.

백색 종이에 주사 혹은 먹물로 6종류의 부적을 그려 불에
태워 깨끗한 물에 타서 마신다.
이 6가지 부적은 법사가 수련할 때도 쓸 수 있는데, 일반인
들도 사용할 수 있다.

주문에 사용되는 신은 황도선사(黃道仙師), 동피철골선사
(銅皮鐵骨仙師), 곤륜법사(崑崙法師), 백학선사(白鶴仙師), 이
십팔숙성군(二十八宿星君), 북두성군(北斗星君), 일월신(日月
神), 오뢰신장(五雷神將)

庵佛勅下

早走街來去之日

黃道

老師

在此

勅令

泉流

風

436

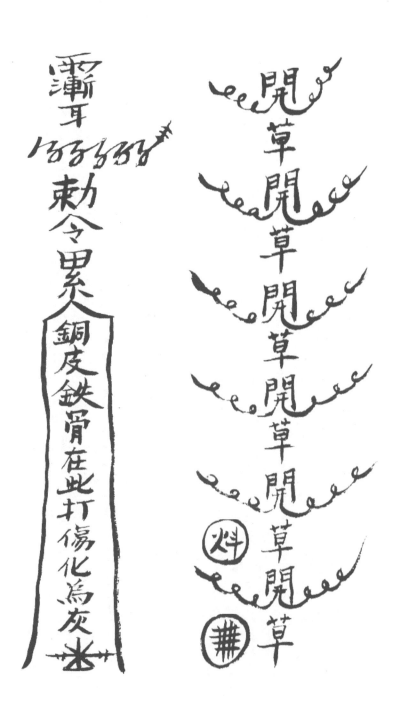

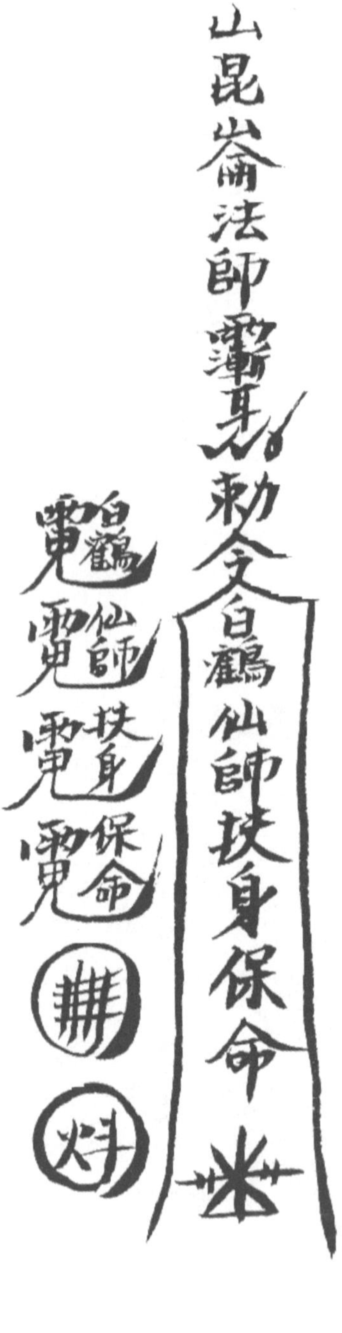

山昆崙法師符勅文白鶴仙師扶身保命

白鶴仙師扶身保命

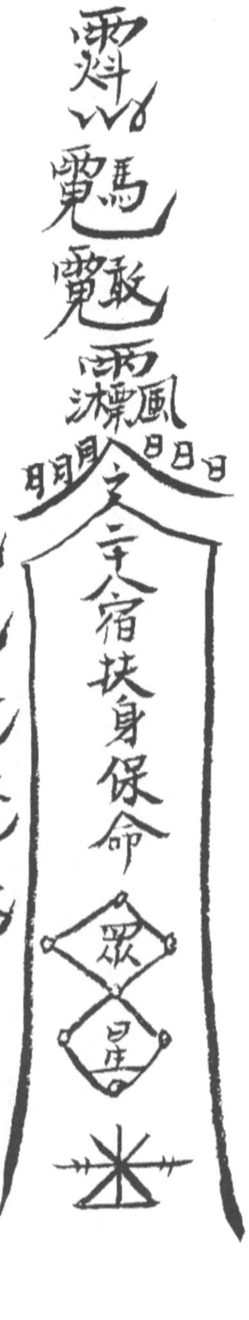

二十八宿星君扶身保命

二十八宿扶身保命

438

사악한 귀신의 침범을 막을 뿐만 아니라, 일체의 재앙으로부터 몸을 보호하는 데 효과가 있다.

황지에 주사 혹은 먹물로 5종류의 부적을 모두 그려서 몸에 지니고 다니면 된다. 단 매년 7월에는 외로운 혼들이 귀문(鬼門)을 열고 지옥에서 나오므로, 이상 5개의 부적을 쓸 수 없다.

주문에 사용되는 신은 삼십육장군(三十六將軍), 서천불법조사(西天佛法祖師), 북두성군(北斗星君), 원산동자신(元山童子神), 육정육갑선사(六丁六甲仙師)

제 18 장 호신용 부적

439

勅令童子下降霑耳 勅令 六丁六甲仙師

元山童子速到扶持弟子姓名

教令 神公驅邪出外

收邪斬鬼令邪

440

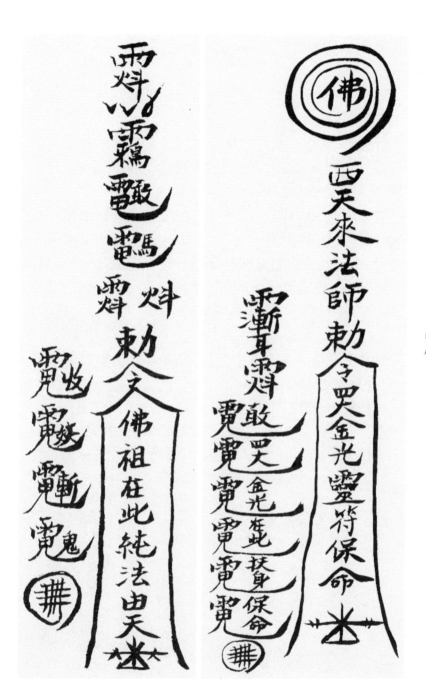

호신보명부(護身保命符) - 3

법사, 무당 등이 사악한 귀신을 물리칠 때 활용하면 몸을 보호하는데 효과가 있다.

일반적으로 이 부적은 모두 몸에 지녀 사용한다. 보통 사람들은 이 부적을 비교적 적게 사용하는데, 각종 법술을 시행할 때 이 부적을 수시로 사용한다.

법사가 앞으로 나와 사악한 귀신을 쫓고 귀신을 붙잡는 일을 하는 경우, 혹은 사악한 술사가 주술을 놓아 사람에게 사용할 때에는, 모두 먼저 자신의 안전에 대해 고려해야 한다. 그런 경우에는 몸에 호신보명부(保命安身符) 등을 지님으로서 귀신으로부터 몸을 보호하게 된다.

황지에 주사 혹은 먹물로 8종류의 부적을 모두 그려서 법사, 무당 등이 몸에 지닌다.

주문에 사용되는 신은 구천현녀(九天玄女), 백학선고(白鶴仙姑), 조원수(趙元帥), 온원수(溫元帥), 강원수(康元帥), 남극성군(南極星君), 서천불조(西天佛祖), 오뢰신장(五雷神將)

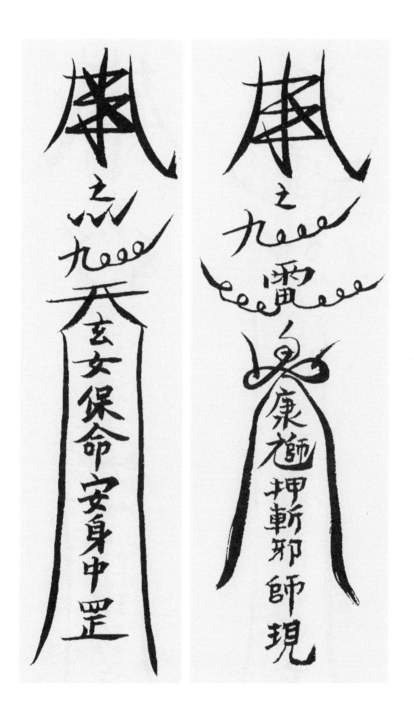

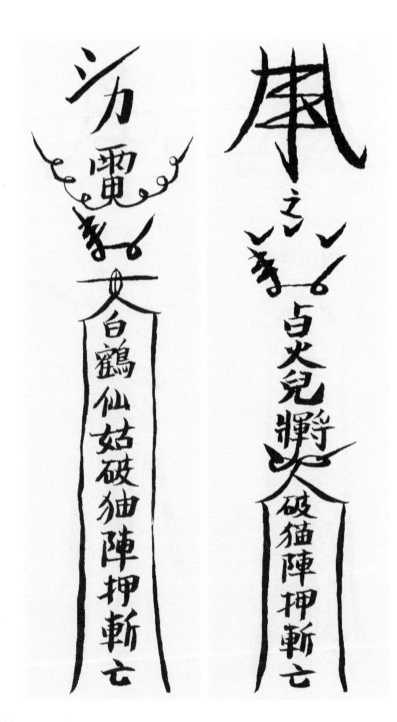

白鶴仙姑破猫陣押斬亡

白火兒
破猫陣押斬亡

444

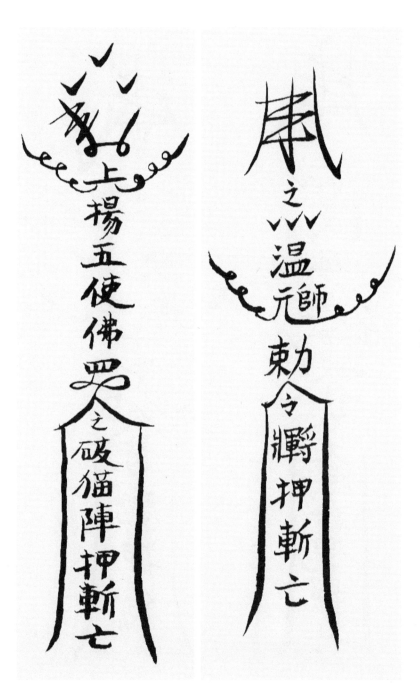

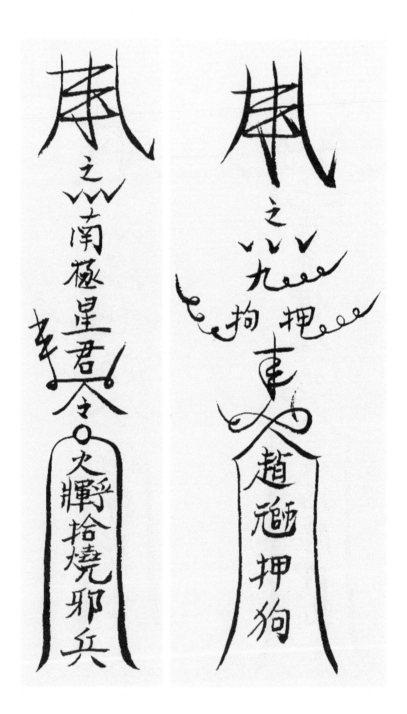

호신보명부(護身保命符) - 4

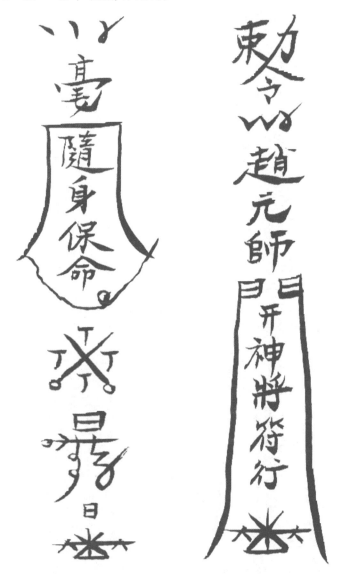

재앙으로부터 몸을 보호하는 부적으로 몸에 지니면 된다.
주문에 사용되는 신은 조원수(趙元帥)

(4) 호신부(護身符) - 1　　호신부(護身符) - 2

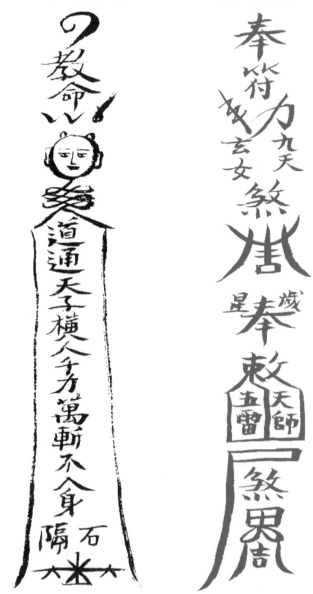

부적을 태워 물에 타서 마신다.　　몸에 지닌다.

호신부(護身符) - 3

몸에 지닌다.

奉九
玄女娘娘護身保命

束玄山

風斬罪兒罡

(5) 호신평안부(護身平安符) - 1

한 장은 출입문 위에 붙이고 한 장은 몸에 지닌다.

제 **⑱** 장 호신용 부적

449

호신평안부(護身平安符) - 2

한 장은 출입문 위에 붙
이고 한 장은 몸에 지닌다.

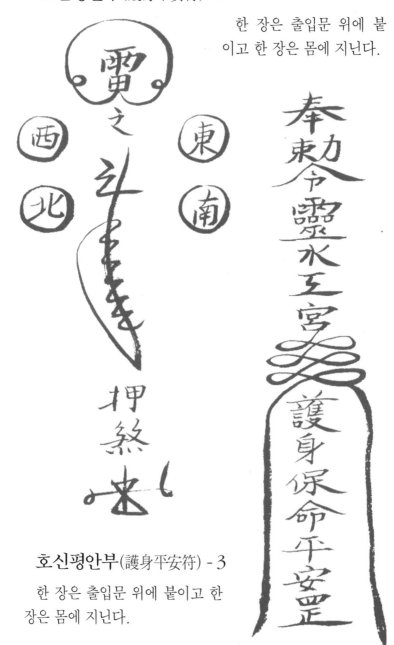

호신평안부(護身平安符) - 3

한 장은 출입문 위에 붙이고 한
장은 몸에 지닌다.

호신평안부(護身平安符) - 4

한 장은 출입문 위에 붙이고 한 장
은 몸에 지닌다.

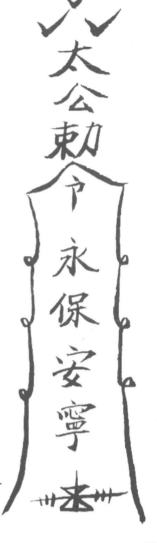

호신평안부(護身平安符) - 5

한 장은 출입문 위에 붙이고 한 장은
몸에 지닌다.

(6) 음해를 막는 부적

다른 사람의 음해와 모략을 막는데 효과가 있다. 주사 혹은
먹물로 그려서 몸에 지니고 다닌다.

제19장 수련용 부적

(1) 오영영부(五營靈符)

동영영부　　　　　　南영영부

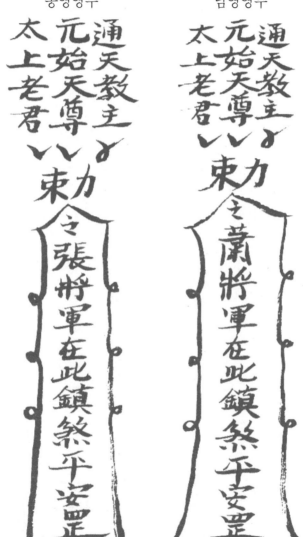

서영영부   북영영부

중영영부

通天教主 勅令 李將軍在此 鎮煞平安 置
元始天尊
太上老君

신(神)을 모신 방의 해당 방위에 각 부적을 안치한다. 중영
영부는 신(神)을 모신 자리 아래에 안치한다.

(2) 오방부(五方符)

동방(東方) 진영 구이군(九夷軍)에서 주수(主帥) 장성자(張聖者 · 法主公)가 동방을 지키게 된다.

남방(南方) 진영 팔만군(八蠻軍)에서 주수(主帥) 숙성자(肅聖者)가 남방을 지키게 된다.

456

서방(西方) 진영 육융군(六戎軍)에서
주수(主帥) 유성자(劉聖者)가 서방을 지
키게 된다.

북방(北方) 진영의 오적군(五狄軍)에서
주수(主帥) 연성자(連聖者)가 거느린다.

중앙(中央) 진영의 삼진군(三秦軍)에서 주수(主帥) 이성자
(李聖者)가 중앙을 지킨다.
  * 이성자: 이나타(李哪吒)를 지칭

(3) 관교용부(關轎用符)

北方用符　　　　中央用符

起轎北營連元師大將軍罡

降轎中營李元師大將軍罡

각 방위 별로 살을 진압하고 안정하게 한다.

460

(4) 오방신살부(五方煞神符)

東方用符 　　　　　　南方用符

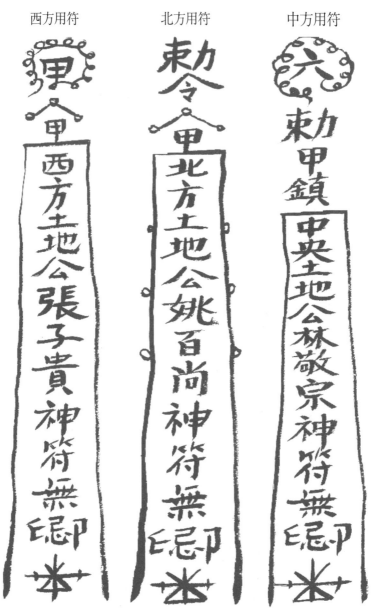

西方用符　　　北方用符　　　中方用符

신을 모시고 법식이나 수련을 하고자 할 때, 각 방위 별로
살을 진압하고 안정하게 한다.

(5) 안신위부(安神位符)

신위(神位)를 정하는데 사용한다. 하나는 신불(神佛)이 앉은 자리 밑에 붙이고, 하나는 신불(神佛) 앞에서 태운다.

(6) 안조군부(安灶君符)

조군이란 부엌의 신을 말한다. 첫째 부적은 주방의 남쪽 벽에 붙인다. 둘째 부적은 화로(火爐)가 있는 벽에 붙인다.

464

벽조목과 부작

🐯 나무를 이용한 부작(符作)

만물에 오행이 있듯이 나무에도 오행이 있다. 나무는 본래 목(木)이나 나무의 개성에 따라 분류된다. 대표적인 예로 박달나무, 느티나무, 복숭아나무, 버드나무 등을 살펴보면 다음과 같다.

박달나무는 우리 민족의 상징이므로 만물의 바탕인 토(土)에 비유된다. 대추나무는 여명에 수기를 받아 들인다 하여 목(木)으로 판단하였다. 여명에 빛이 밝아오면 어둠과 두려움이 물러가게 된다. 조상들은 모든재앙과 어려움을 방비하는 수단으로 대추나무를 선택하였다.

느티나무는 목질이 붉어 화(火)다. 불은 모든 것을 태워버리거나 소멸시켜 버린다. 느티나무로 가구를 만들어 실내에 들여놓아 집안에 흉살이 침범하지 못하게 했다.

복숭아나무는 하늘에서 내려준 나무라하여 하늘을 상징하는 기운을 가지므로 금(金)에 비유한다. 하늘은 만물을 징벌할 수 있다. 그래서 예로부터 복숭아나무를 이용하여 사귀를 물리쳤으며 원한이 있는자를 체벌하는데 사용하기도 하였다.

버드나무는 물가에서 무성하므로 수(水)의 기운을 가졌다. 물은 더러운 것을 깨끗이 씻어 내리니 버드나무를 이용해 이미 깊이 침범한 재앙을 씻어냈다.

　이와 같이 조상들은 재앙이 발생하면 그 방향과 위치, 그리고 용도에 맞는 나무를 선택해 신의 예시에 따라 부작을 만들어 재앙을 물리치는 지혜가 있었다.

벼락과 나무

　벼락은 하늘아래 구름에서 양과 양의 충돌로 일어나는 것이다. 하늘에서 내리는 벼락은 사물을 가리지 않고 떨어진다. 옛사람들은 벼락을 맞은 모든 사물을 중하게 여겨 적소에 사용했다.

　예를들면 구유를 만들어 소가 건강하게 성장하기를 기원했다. 디딜방아나 절구통 절구공이를 만들어 곡물에 사(邪)가 침범하지 못하게 했으며 기타 방망이나 홍두깨를 만들어 사용하기도 했다.

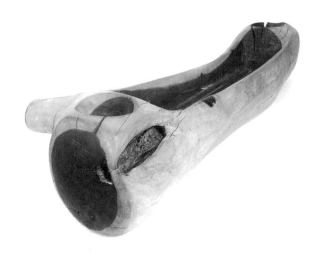

[벽조목 구유]

벽조목의 유래

벽조목(霹棗木)은 벼락 맞은 대추나무를 말한다. 대부분의 나무는 목질이 부드러워 벼락을 맞으면 나무가 타버리거나 부스러져 버린다. 그러나 목질이 단단한 대추나무는 반대로 양기가 내부에 깊이 축적이 되어 일체의 음기가 범접하지 못한다. 사숭(邪崇)과 귀신은 양기가 올라오면 물러갔다가 음기가 일어나면 다시 움직이기 시작한다. 이 과정을 벽조목이 강력하게 통제한다.

벼락은 하늘 위 구름에서 생기는 것으로, 벼락을 맞은 대추나무는 양기가 매우 강성해져 일체의 음기가 범접하지 못하므로, 부적의 귀한 재료로 활용하기도 했다.

귀신은 양기(陽氣)가 강한 물건을 꺼린다. 대추나무의 속은 색이 붉고 성질은 양기가 강해 사악한 귀신을 쫓는 힘이 있다고 전해진다.

대추가 우리문원에 공식적으로 등장한 기록은 고려 명종 18년(1188년) 때이나 우리나라 산과 들에 흔한 수종이며 우리민족이 선호하는 과일중 하나라, 대추나무와 접촉한 역사도 그만큼 오래 되었다.

대추는 약재로도 그 효능이 있으며 과일로도 맛이 있어 우리 선조들은 집안이나 텃밭 주변에 한두 그루 정도 심기도 했다. 벽조목을 활용한 역사도 그만큼 오래되었을 가능성이 있다.

석숭(石崇)이 진(晋)나라의 최고의 부호가 되는 과정에서, 탁월한 사업 수완은 있으나 사업상 발생하는 장애나 재앙을 물리치거나 예방하는 방편으로 거액을 들여 벽조목 도장을 각인하여 사용했다. 이때부터 최고의 인장 재료로 벽조목을 사용했다.

🙂 벽조목에 관한 진실

벽조목이 워낙 귀한 만큼, 위조 벽조목 유통 또한 많다. 일반인도 알고 있는 감별 요령 중에 진짜 벽조목은 물에 가라앉고 가짜 벽조목은 물에 뜬다는 것이 있으나, 곧이 믿어서는 안 될 것이다. 역으로 이 점을 악용하여 가짜 벽조목을 고가에 매매하는 악덕업자도 있기 때문이다.

대추나무에 인위로 고압전기를 가하여 제조한 가짜벽조목은 목질이 비중이 무거워 물에 쉽게 가라앉는다. 반면 자연적으로 벼락을 맞아 생긴 벽조목의 경우 벼락을 맞은 부위중 일부분만 물에 가라앉는다. 진품 벽조목의 90% 이상은 물에 뜬다.

벼락은 생각보다 쉽게 일어나는 현상이 아니다. 오죽하면 벼락 맞을 확률이 로또 당첨 확률보다 낮다고 하겠는가?

[벽조목 채취장면]

벼락을 맞은 나무가 대추나무일 확률은 더욱 낮을 수밖에 없다. 진품 벽조목은 매우 귀하여 쉽게 접하기 어렵다. 시중에 유통되는 벽조목의 대부분은 모조유사품이다.

물건은 오래될수록 영이 깃든다고 한다. 하물며 오래된 벽조목은 오죽하겠는가? 정성을 다하여 채취해야 작업자는 물론, 벽조목을 활용하는 사람도 탈이 없다.

468

벽조목의 현대적 활용

벽조행목(霹棗杏木) : 벼락맞은 대추나무의 조(棗)와 은행나무의 행(杏)을 결합한 동음이의어인 벽조행목(霹棗杏木)은 신물(神物)인 벼락맞은 대추나무와 벼락맞은 은행나무로 조합된 호랑이 부작으로 행운을 조절하는 의미를 간직한 신탁(神託)의 산물로서 본인이 연구개발한 국내외에서 유일한 진품부작이다.(사업, 재수, 관재, 부부화합, 건강등 여러분야에 사용)

설명 : 범(호랑이)은 서방의 금(金)에 속하므로 능히 사람을 보호하여 부를 얻게 하고 많은 땅을 소유하므로 토지공(土地公)에 배속시킨다.

벽조목으로 만든 부작은 사업이나 입시, 질병의 치료, 승소 등에 탁월한 효과가 있다고 전해진다. 창업이나 개업 시 행운을 불러들이는데 효과가 있다.

[호랑이부작]

벽조목(霹棗木) 도장

　벽조목은 도장 재료 중에서 최고로 대접받는 것은 익히 알
려진 사실이다.

[벽조목 도장]

　대추나무는 귀한 요리인 국수를 만드는 홍두깨나(과거에
국수는 귀한 요리로 대접받았다), 포졸의 육모방망이 재료로
사용되기도 했다.

470

사무실이나 방 안에 벽조목(霹棗木)으로 만든 다탁(茶卓)을 놓아 행운을 불러들이기도 하고, 집안이나 사무실에 벽조목(霹棗木)을 입목(立木)으로 세워두어 사기(邪氣)를 물리치고 가내 안녕과 사업을 번창시키는데 이용된다.

[벽조목으로 만든 다탁]

[입목으로 세워둔 벽조목]

벽조목 산대와 차시

　점을 보는 술사는 점의 적중률을 높이기 위해 벽조목으로 만든 산대를 사용하면 좋다.

[벽조목 산대와 차시]

벽조목 목걸이와 열쇠고리

　현대에는 여기서 더 나아가 각종 액세서리나 생활용품으로 활용하는 선에 이르기도 한다.

　벽조목을 몸에 지니면 가위눌림을 예방하고 건강 회복을 촉진하기도 한다. 이를 위해 목걸이나 팔찌 또는 열쇠고리 형태로 만들어 소지하기도 한다.

[벽조목 목걸이와 열쇠고리]

벽조목 목걸이와 팔찌

  풍요와 다산의 상징인 대추나무중 벼락맞은 대추나무는 벽조목(霹棗木) 또는 불상목(不祥木)이라 하여 병마를 물리치는 최고의 부적으로 여긴다.

  인체의 피로를 회복하는 세포와 효소를 생성하는 대사활동이 저녁 8시부터 새벽 4시 사이에 일어나므로 그 시간대에 잠을 자야 하는데 벽조목(霹棗木)목걸이와 팔찌는 인체정중선 임독맥(任督脈)의 기를 순환시켜 신 방광의 기능을 강화시키므로 취침시 야간의 빈뇨감을 개선시켜 수면의 질을 높임으로써 피로를 회복시키는데 탁월한 효과가 있다.

  또한 항균, 살균, 전자파차단, 원적외선과 음이온 방출, 인체내 호르몬계통의 균형을 유지시켜 우리 몸의 신체활동을 돕는데도 탁월한 효과가 있다.

[벽조목 목걸이와 팔찌]

대체로 오래된 벽조목일수록 크고 기운도 강한데, 가세(家勢)를 일으키는데 탁월한 효과를 지닌 것으로 전해지며, 일부는 대를 이어가며 가보(家寶)로 물려주기도 한다.

벽조목이 이러한 효과를 거두는 데는 사주팔자와 같은 조건에 구애받지 않는다는 점에 있다. 별다른 부작용이 없으며 남녀노소를 떠나 고른 효과를 거두기에, 행운을 불러들이는 최상의 소재로 인정받고 있다.

魯柄漢 博士의 力著 - 天文地理人事學 시리즈 · 10

기도발이 센 기도명당 50선

기도발이란 시간 · 공간 · 인간의 삼위일체가 관건!

기도발의 3대 결정 요인은 누가 · 언제 · 어디서 기도를 할 것인가이다.

첫째로 기도하는 주체가 본인인 경우와 가족이나 성직자 등의 대리인이 하는 경우 그 기도발의 차이는 상당하다.

둘째는 기감氣感이 좋고 신명神明의 감응이 좋은 날짜와 시간 선택에 따라 기도발의 차이가 엄청나다.

셋째로 기도하는 장소가 어디냐에 달려있다.

신명의 감응이 높고 빠르며 좋은 장소에서 하는 기도는 그 기도발이 매우 빠르고 크게 나타난다.

전국에 산재한 분야별 영험한 기도명당 소개!

그 기도에 대한 응답이 기도발이다. 기도발은 누가, 언제, 어디서 기도를 하는가에 달려 있다.

기도란 자신에게 부족한 기운을 보강하는 일이며, 간절하고 애절하며 비장한 기도는 가장 먼저 자신의 내면세계를 바꾸고 이어서 자신에게 부족한 기운을 불러들여 운세를 바꾸며 더 나아가 그 공덕으로 세상을 변화시킨다.

어디가 기도발이 센 명당일까?

기도를 함에도 기도의 주제별로 기도발이 센 기도명당이 있기 마련이다.

부자명당, 출세명당, 합격명당, 당선명당, 사랑명당, 득남명당, 장수명당, 득도명당, 접신명당…

전국에 산재한 분야별 기도명당들을 소개한다.

魯柄漢 博士의 力著 - 天文 地理 人事學 시리즈 · 11

막히고 닫힌 운을 여는 기술

〈천명은 불변하나 운명은 변할 수 있다〉

내 運命은 내가 선택하는 개운법

모든 중생들은 숙명, 천명, 운명, 소명이라는 4가지의 명(命)을 가지고 있다. 사람들은 지마다 신천적인 천명을 가지고 태어나지만 후천적위 운명은 선택적으로 만들어 가면서 삶의 질을 결정한다. 운명(運命)은 진행되어가는 과정이므로 천지만물의 자연현상 속에서 자신에게 결핍된 부분을 발견하고 필요한 기운을 적절히 동원하여 흉운(凶運)을 물리치고 길운(吉運)을 불러들이는 다양한 개운(開運)법을 동원하여 변화시킬 수가 있다. 후천적인 운명은 '시간(때)의 선택'과 '공간(곳)의 선택'이라는 2가지의 경우의 수에 의해서 영향을 받아 결정됨이고 이것이 바로 자연의 섭리이자 곧 우주만물을 움직이는 작동원리이다. 그래서 공간이라는 방향을 선택하고 활용하는 기술이 필요한 것이다. 방향을 선택한다고 함은 곧 우주공간에 형성된 자성(磁性)이라는 에너지 중에서 방향별로 자기에게 유리한 에너지는 받아들이고 불리한 에너지는 멀리하는 방법이다. 따라서 그 사람 '삶의 질'과 운명도 함께 달라진다. 공간의 선택이란 '방향을 선택하는 것'이고 '방향을 바꾸는 일'이다.

魯柄漢 博士의 力著 - 天文 地理 人事學 시리즈 · 7

집터와 출입문 풍수

이 책에서는 풍수지리서의 고전에서부터 출발하여 선지식들과 선대들에 의해 실지경험들을 토대로 비전(秘傳)되어 오던 풍수비록들 중에 필전되어져야 할 내용들 중에서 「집터와 출입문풍수」에 국한해서 구성했다.

비공개를 원칙으로 하는 풍수비록들을 감히 용기를 갖고 공개적으로 이 책을 집필하여 공개함에는 건전한 풍수지리학의 발전을 기대하기 때문이다. 우리가 평상심으로 올바른 구성(九星) · 역(易) · 풍수(風水) · 상법(相法) 등을 공부하고 완성해서 인간의 단명을 구하고, 빈곤을 구하면서 자기자손들에게 오래 부귀를 지키게 하는 것은 일개 집안의 문제만이 아니라 또한 국가에 충성되게 하는 것으로써 인술(仁術)의 존귀한 것임도 알아야 한다.

바른 법을 알아서 사람이 알지 못하여 불행이 초래되고 일가가 단절 또는 이산하며 혹은 불구자가 되어 곤란에 처해 고통 받는 수많은 사람들을 구해야 할 것이다. 이 책에서 밝힌 풍수비결들은 천지신명이 제시한 신비로운 이치로서 이를 숙독하여 각 집터와 주택에 적용하면 가족들의 건강 · 부귀 · 화목 · 발전 · 장수를 도모할 수 있을 것이다.

魯柄漢 博士의 力著 - 天文 地理 人事學 시리즈 · 8

[주택사업자/공인중개사/조경사/풍수디자이너/건축사 : 필독서적]

주택 풍수학 통론

인간이 살아가는 터전인 공간을 선택할 권리는 스스로에게 주어져 있다. 이렇게 삶의 터전인 공간의 선택문제가 바로 주거공간으로서의 주택이고, 활동공간으로서 사무실, 공장, 점포 등이다. 이 책에서 다루고자 하는 주택풍수학의 공간의 내용은 주거공간에 중점을 둔 주택풍수 뿐만 아니라, 활동공간인 사무실, 공장, 점포, 상가건물 등에도 폭 넓게 적용되는 이론이다.

주택풍수학은 생활공간에 관한 학문이다!

즉, 자연공간과 실내공간에서 유영(游永)하는 기(氣)의 흐름을 살펴서 인간에게 유리하도록, 잘못되어 어긋나 있거나 모순된 기운(氣運)들을 교정하여 질서를 바로 잡는 역할을 하는 학문이다.

주택은 가족의 현재와 미래를 투영해 볼 수 있는 중요한 잣대 중에 하나이다. 예컨대 집터인 지상(地相)과 주택인 가상(家相)의 길흉에 따라서 가족들의 운명도 영향을 받는다는 것이 수천 년의 역사를 지닌 주택풍수학에서 이야기 해온 가운학(家運學)의 기본철학이다.

흉지(凶地)를 피하고 길소(吉所)를 구하며, 흉택이라면 법수에 잘 맞추어 고쳐서 길상의 길택으로 바꾸어서 인의(仁義)를 행한다면 반드시 부귀공명을 얻고 자손들이 무궁한 영광을 얻게 될 것이다.

爛江網精解

精說 窮通寶鑑 정설궁통보감

무릇 오행생극론(五行生剋論)은 한유(開遊)로부터 비롯되어 당대(當代)의 이허중(李虛中) 선생에 이르러 거듭 천간지지(天干地支)를 배합하여 팔자(八字)가 완성되었다. 당시에는 오로지 재관인(財官印)만을 살펴 인사(人事)의 득실을 논하였다.

그러나 후세에 이르러 여러 현자들이 천관(天官) 자미(紫微) 신수(身數)등을 지어 함께 섞어 사용을 하게 되자 이론이 분분하고 일정치 않아 종잡을 수 없었다. 명학(命學)은 원래 명백함이 돋보이는 학문이다.

그러나 명학을 배우는 사람들이 마음깊이 요긴한 진리를 깨닫지 못하였으니 술법이 모두 적중할 수 없었던 것이다.

내가 틈을 내어 시문(詩文)을 고르고 수집하고 또 많은 명학에 관한 여러 서적을 두루 섭렵하였는데 마침 난강망을 가지고 있는 한 벗이 찾아와 나에게 말하기를 간결하고 쉽게 확절(確切)한 이론으로 저술하고자 한다면 이것이 후학들에게 모범이 될 수 있는 훌륭한 책이 되리라 생각되며 이 비본(秘本)의 이론을 통해서 사람의 부귀의 한계를 저울질하면 자주 영험함이 있을 것이니 자평의 판목이 되고 자평학(子平學)에 작은 보탬이 되리라 생각한다고 하였다.

내가 책을 받아 그 이론을 일득해보니 의론(議論)의 정교함과 상세함이 한눈에 들어오고 취사선택이 적절하여 오행생극(五行生剋)에 대해 깨닫게 하는 바가 있으며 팔괘착종(八卦錯綜)의 빼어남이 측량할 수 없었다.

이에 뜻이 애매하거나 자잘한 것은 잘라내고 세세한 것은 묶고 번거로운 것은 버리고 지나치게 생략된 것은 보완하고 잘못 된 글자는 바로잡아 한눈에 알아볼 수 있도록 해놓고 보니 이것이야말로 진정한 명학(命學)의 지남(指南)이요 자평(自評)의 모범이라 이에 이름을 궁통보감(窮通寶鑑)이라 하였다.

실전육효최고급 종결편

神算 六爻秘傳要訣
신 산 육 효 비 전 요 결

神算 金 用 淵 教授

神算六爻研究會 會員
盧 應 根 共著

실전육효 최고급편

저자로서 지금까지 펴낸 「이것이 귀신도 곡하는 점술이다」가 육효점의 입문에 서부터 기초와 이해에 바탕하여 육효점을 적용할 수 있는 사례를 분야별로 소 개한 입문서라면, 「이것이 신이 내려주는 점술이다」는 좀 더 깊이 있게 실전에 서 연구, 응용할 수 있는 종합응용편이라 할 것이다.

육효학에 대해서는 이상으로 모든 것을 널리 소개, 밝혔다고 생각하고 더 이상 의 책 출간은 생각지 않았으나 수 많은 독자와 강호 제현들의 격려와 성화를 거절할 수 없었고, 또 세상에서 흔히 비전이라 쉬쉬하며 특별히 전수하는 양 하며 자행되는 금전갈취와 비행을 모르는체 할 수 없어 저자로서 필생동안 연 구, 임상하였던 흔치 않은 모든 비술을 여기에 모두 밝혔음을 알린다.

지금까지 저자의 앞서 발행된 2권의 책을 숙지한 독자라면 이 책마저 통달하 고 나면 육효학에 관한한 특출한 일가견을 이루었다고 확신하는 바이며 역학 계에서 우뚝하리라 믿는다

이 冊으로 後學들이 六爻學을 공부하는 데, 또 실제 상담실전에 보다 유용하고 효과적으로 한치의 오차도 없이 정확하게 판단하는 데 조금이라도 도움이 된 다면 필자로서는 더 없는 기쁨이라 하겠다.

실전 육효 최고급 완성편

神算 六爻精解
신 산 육 효 정 해

神算 金 用 淵 教授

神算六爻硏究會 會員
盧 應 根 共著

신산육효 상담 실전 요람
전문가로 안내하는 실전 종합응용편

전문 술사로 안내하는 풍부하고도 다양한 실증적 사례!
이 책 한 권이면 당신도 50년 실전경력자

상담 실전에서 바른 점사와 정확한 괘 풀이로 전율할 만큼 신묘하고도 높은 적
중률로 안내하는 종합 실전 · 상담 응용편이다.
육효학과 육효점, 즉 이론과 풀이를 동시에 만족시키기 위해 저자의 '신산 육
효학 강의'에서만 들을 수 있는 내용과 비전도 감추지 않고 공개하였다.

전문술사를 위한 육효점의 바른 점사와 괘 풀이!

六爻는 자연의 의중을 묻는 학문으로 다른 점술에 비해 배우기 쉬우면서도 탁
월한 적중률을 자랑한다. 그러나 시중에는 고전을 단순 번역해석한 책이 난무
하고 있다. 고서의 예문을 인용한 막연한 해설에 불과한 내용이 초학자에게는
상당히 많은 혼란을 주고 있다. 이런 문제를 해소하기 위해 출간한 것이 〈神算
六爻精解〉이다.
〈神算六爻-이것이 귀신도 곡하는 점술이다〉가 육효의 기초와 함께 육효점을
각 분야 · 사례별로 소개한 입문서라면, 〈神算六爻精解〉는 상담 실전에서 바
른 점사와 정확한 괘 풀이로 전율할 만큼 신묘하고도 높은 적중률로 안내하는
전문 술사를 위한 실전 · 응용편이라 할 수 있다.
육효학과 육효점, 즉 이론과 풀이를 동시에 만족 시키기 위해 필자의 〈신산육
효학 강의〉에서만 들을 수 있는 내용을 다수 포함시키고 비전도 감추지 않고
공개하였다.

神算六爻

이것이 귀신도 **곡하는** 점술이다

- 입문에서 완성까지-

어려운 육효, 이 책 한권이면
혼자서도 3개월이면 쉽게 끝낸다.

육효의 事案별로 예단하는 단시점의 놀라운 정확성은 만물과 중생의 흥망성쇠(興亡盛衰)와 수요장단(壽夭長短)을 마치 거울 속을 들여다 보듯이 연월일시까지 정확하게 알 수 있는 학문이다.

육효는 자연의 순환 이치를 응용하여 과거와 현재를 확인하고 미래를 예측할 수 있는 대표적인 점술이다. 그러나 보통 사람이 배우기는 매우 어렵다. 육효에 대해 알기 쉽게 소개한 책이 드물기 때문이다.

현재 시중에 몇몇 육효 책이 나와 있지만 대부분 고전을 단순 번역 해석한 애매 모호한 설명과 내용으로 초학자에게는 오히려 혼란만 주고 있기 때문에 혼자 이치를 터득하기란 쉽지 않다.

神算六爻는 예부터 전해 내려오는 복서학에다 50여 년에 이르는 저자의 연구와 경험을 더해 육효학의 기본 원리와 함께 육효점의 기초 설명과 이론·점사·득괘·괘 풀이법에서부터 육효점을 적용할 수 있는 사례를 분야별로 소개한 입문서이다.

특히 이 책에서 저자의 피나는 연구와 실증적 사례에 의한 풍부한 예문과 쉽고도 명쾌한 설명은 다른 어떤 육효 책에서도 볼 수 없는 이 책 만의 특징이라 할 수 있으며 초보자도 쉽게 배울 수 있도록 엮었다.

육효에 관한 초 베스트 셀러 – 10여 년 간 이 책을 능가한 책은 없었다!

어렵다고 하는 육효, 이처럼 쉽게 쓰여진 책은 처음 보았다는 찬사와 격려!
– 참 많이 받았습니다.